AF495424

IANI TIKALIS

UNE
GARNISON INTERNATIONALE

La Canée

PARIS
HENRI CHARLES-LAVAUZELLE
Éditeur militaire
10, Rue Danton, Boulevard Saint-Germain, 118
(MÊME MAISON A LIMOGES)

BIBLIOTHÈQUE NATIONALE
DAUPHINES

Volume Brûlé

UNE

GARNISON INTERNATIONALE

La Canée

BIBLIOTHÈQUE NATIONALE
R.F.
IMPRIMÉS

1085

8° J
7183

DROITS DE REPRODUCTION ET DE TRADUCTION RÉSERVÉS

IANI TIKALIS

UNE GARNISON INTERNATIONALE

La Canée

PARIS
HENRI CHARLES-LAVAUZELLE
Éditeur militaire
10, Rue Danton, Boulevard Saint-Germain, 118

(MÊME MAISON A LIMOGES)

UNE

GARNISON INTERNATIONALE

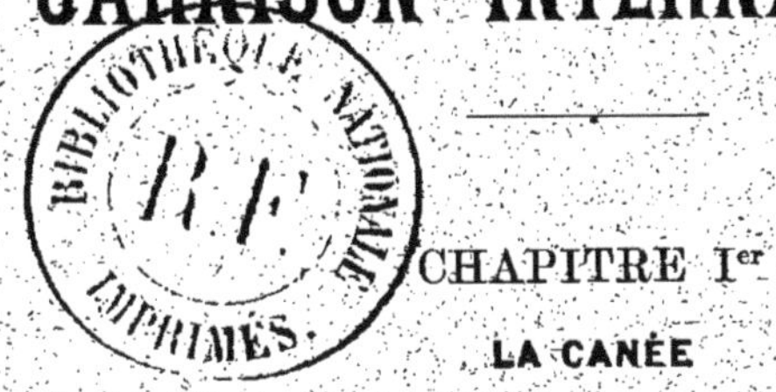
BIBLIOTHÈQUE NATIONALE RF IMPRIMÉS

CHAPITRE Ier

LA CANÉE

Le 31 octobre 1902, deux paquebots battant pavillon français doublaient presque à la même heure la pointe Spada, que la Crète occidentale lance vers le nord, dans la Méditerranée, comme un immense éperon.

Le bateau de tête venait de Marseille : c'était l'*Ortégal,* des Messageries maritimes, l'un des courriers habituels des lignes d'Orient ; il n'avait à son bord qu'une cinquantaine de passagers civils et un petit détachement du 122e régiment d'infanterie.

Le deuxième paquebot, l'*Algérien,* de la Compagnie Cailhol-Duvillard, arrivait de Cette. Il était spécialement aménagé pour le transport des bestiaux d'Algérie en France ; mais, pour l'occasion, on l'avait détourné de sa mission habituelle. Après une désinfection sommaire, les moutons avaient été remplacés par 500 hommes de troupe et les éleveurs par des officiers.

Durant quatre jours, l'*Algérien* avait donné la chasse à l'*Ortégal ;* pour agrémenter la course, la mer s'était mise de la partie et avait déployé, jusqu'à Messine, des centaines de kilomètres de montagnes russes, à la grande joie des maîtres d'hôtel.

Maintenant, l'onde s'était apaisée, le temps était doux, la mer *d'oli* comme disent les Méridionaux. Fatigués de leur rude étape, les deux paquebots semblaient s'attarder en museries le long de leur chemin.

Sur la droite, de hautes murailles de granit, des rocs et des récifs, des cimes dénudées hérissaient l'horizon brumeux; nulle trace d'habitation. Les lorgnettes les plus élégantes, comme les stéréo-jumelles les plus précises, fouillaient à l'envi et sans succès les anses et replis de ces rivages inhospitaliers.

« Voilà donc la Crète, dit quelqu'un à bord de l'*Ortégal,* cette terre qu'Homère trouvait si belle et si fertile, où habitaient d'innombrables hommes et où florissaient quatre-vingt-dix villes. Si le vieux rapsode débarquait tout à l'heure avec nous, il serait bien obligé d'avouer qu'on a changé son île.

— La Crète est un pays charmant, interrompit un Gascon; ah! je voudrais bien prendre votre place!

— Vous connaissez la région?

— Si je la connais? Comme ma poche, Monsieur. Tenez, là-bas, à 45 par tribord, cette vague teinte grisâtre, c'est la Canée. »

Et notre Gascon, sacré gabier de 1re classe en raison de son estomac solide et de son pied sûr — té! — montrait victorieusement, de son bras tendu, le fond imprécis de l'immense baie.

« La Canée! Quelle ville agréable, cadédis! Belles promenades, hôtels superbes, femmes ravissantes, ravissantes vous dis-je! Et mystérieuses, pécaïre! Des jardins, des terrasses, des orangers, de la verdure et des sources! On se croirait sur les bords de la Garonne... avec la mer en plus. »

L'œil du gabier brillait; un point blanc s'y allumait...

« Ah ! le délicieux souvenir que j'ai gardé de ma dernière escale ! ajouta-t-il avec mystère, et comme je regrette de ne pouvoir m'arrêter aujourd'hui ! »

Puis, attirant un des passagers à l'écart :

« Quand vous rencontrerez Hortense, vous lui direz adieu de ma part.

— Hortense ? Qui est-ce ?

— Et, viédase, vous le verrez bien ! »

Le bateau continuait sa route sans gouverner à droite. Les courriers français dédaignent le port de la Canée ; ils le brûlent, contournent la presqu'île montagneuse de l'Achrotiri et vont jeter l'ancre dans la baie de la Sude.

La baie est fermée par un îlot calcaire, que les Turcs avaient fortifié, et dont la vague ronge lentement la falaise à pic.

« Sur ce rocher (1) flottent pendant le jour les pavillons des quatre puissances protectrices de la Crète. Il y en a même un cinquième : le pavillon ottoman. Il a été mis là à la suite d'une réclamation du Grand Turc, qui a fait observer que si tant de pavillons étaient hissés dans un pays qui, en somme, lui appartenait, il serait bien extraordinaire que le sien ne figurât pas dans la collection. On ne pouvait guère ne pas faire droit à une demande aussi modérée, d'autant plus que sa réalisation n'offrait justement aucune difficulté pratique ; car, les diplomates ayant décidé que c'est sur cette île que les pavillons doivent être hissés, il faut que chaque détachement du corps d'occupation fournisse, à tour de rôle, quatre hommes et un caporal qui passent huit jours dans ce rocher, sans avoir autre chose à faire que de hisser ces quatre pavillons chaque matin et de les amener au coucher du soleil. Le caporal se

(1) De Mandat-Grancey, *Voyage aux pays d'Homère.*

LA CANÉE

Légende.

1 Caserne Amiral-Pottier.
2 Armurerie du détachement.
3 Théâtre du détachement.
4 Forge du détachement.
5 Caserne de Koum-Kapi.
6 Écuries du détachement.
7 Caserne Firka.
8 Cercle militaire français.
9 Prison crétoise.
10 Caserne russe.
11 Poste autrichienne.
12 Poste française.
13 Poste crétoise.
14 Poste italienne et consulat de France.
15 Église catholique.
16 Église orthodoxe.
17 Grande mosquée.
18 Konak.
19 Pavillons internationaux.

N.
Phare
Nea Kora
Fossé
Calicut
v. Agia
v. Halépa
Terrain de Manœuvre
Cimetière turc
vers Perivolia
v. la Sude
Jardins publics

trouvait justement sans occupation ; on lui en a trouvé une : c'est lui qui, maintenant, est chargé du pavillon turc. »

La baie de la Sude s'ouvre, au delà de l'îlot, large et profonde; des escadres y ont séjourné naguère, et, s'il est vrai que les puissances y envoyaient alors ce qu'elles avaient de mieux (1), actuellement c'est un poste de tout repos. Le vaillant *Condor*, contre-torpilleur français, qui fit, paraît-il, des prouesses au temps jadis, est venu s'abattre dans ces eaux tranquilles et y coule une vieillesse calme, heureuse et respectée. Il s'éveille de temps à autre pour lâcher quelques coups de canon en l'honneur du prince Haut-Commissaire et des consuls, tirer les salves réglementaires du 14 Juillet et appareiller pour quelque brève croisière ministérielle, qui vaut les palmes académiques à son état-major.

Mouillé à quelques centaines de mètres du quai, jaloux de son poste, généralement seul, le *Condor* complète heureusement le paysage, car un port ne se comprend guère sans bateau.

Les travaux exécutés par les Turcs dans la baie sont nuls; à terre, il ne reste plus de l'ancien arsenal qu'une dizaine de bâtiments en ruines, clos par une enceinte et vaguement utilisés.

« Dans l'immense terrain vague qui s'étend entre la baie et la route d'Izzedine, chacun des occupants a découpé une place pour son tennis (2). »

Le long du quai, au premier plan, quelques vieilles usines délabrées, des hangars, une antique cale vénitienne; en arrière, sur une éminence, la caserne, de construction relativement récente.

---

(1) En 1898, 72 vaisseaux de guerre étaient ancrés dans la baie : 20 anglais, 19 italiens, 15 autrichiens, 10 russes, 7 français, 1 allemand.

(2) Bérard, *Les Affaires de Crète*,

Un officier français exerce le commandement de l'arsenal; tel un bey cossu, il peut tirer la bécassine sur ses terres et, quand vient la canicule, se prélasser à l'ombre des arbres de son jardin entre une bouteille de bière et un excellent narghileh.

La Sude (Sonda) est à 7 kilomètres de la Canée. A la porte de l'arsenal vous faites connaissance avec les indigènes; une demi-douzaine de cochers nègres, cuivrés ou chocolat, se lancent des injures en un jargon incompréhensible qu'ils accompagnent de grands gestes violents. Dès qu'un voyageur paraît, ils se précipitent sur lui et, au risque de l'écharper, lui arrachent, qui sa valise, qui un paquet, qui sa canne ou son pardessus. Cinq ou six portières s'ouvrent à la fois; tout le monde crie, gesticule; le voyageur est entraîné, bousculé; il hésite entre les guimbardes plus ou moins vétustes qui lui barrent le passage. « Zolie voitoure — Bons chevaux — Moi galoper touzour — Moi arriver premier » et mille autres cris l'abasourdissent. Enfin, accourt un gendarme crétois qui impose silence à la cohue bruyante, et le voyageur peut faire son choix.

Le cocher privilégié lance un regard narquois à ses concurrents dépités, fait claquer son fouet, et enlève ses rosses, plus habituées aux coups qu'à l'avoine : *Empros!* (En route!); en vingt minutes vous arrivez à la Canée.

Vous débouchez dans la rue du Marché, sale, étroite et complètement envahie par une foule grouillante. Pas de trottoirs; les marchandises débordent sur les bas-côtés de la rue. Votre cocher s'évertue à crier : *Barda!* (Attention!) personne ne se dérange; les chevaux vont leur train dans ce dédale mouvant. Vingt fois vous manquez écraser marchandises, vendeurs et acheteurs; cris, vociférations, coups de fouet, rien n'y fait : on ne vous voit pas, on ne vous entend pas. A droite, vous frôlez un Turc qui ne daigne pas se retourner; à gauche, vous éclaboussez un Grec qui n'y prête nulle attention ; plus loin, vous bousculez *ena gaïdouro* (un âne), qui ne bronche pas et se contente de serrer la queue. Et vous allez ainsi, cahin-caha, jusqu'à la place des Monténégrins où se donne rendez-vous, l'après-midi, le high-life de l'endroit.

Dans *les Affaires de Crète*, Bérard esquisse une description poétique de la Canée : « Accoudée sur la mer que la brise du Nord moire et crépelle, couronnée de remparts, fleurie de minarets, de coupoles et de façades peintes, la Canée, la ville au doux nom, semble sortir des flots, comme l'œuvre toute pimpante de quelque décoration romantique. »

Le plus beau tableau, qui n'est pas dans son jour, ne frappe point. Il faut à ce paysage oriental la grande clarté d'un ciel toujours pur ; au premier plan, une mer murmurante et irisée, et, dans le lointain, un fond reposant de montagnes bleues ; l'observateur qui voudra admirer le tableau ne craindra pas de s'en éloigner un peu de peur d'y découvrir trop de faibles et d'erreurs de détail.

Mais le cadre manque souvent à l'aquarelle de Bérard. L'aurore aux doigts de roses oublie, certains jours d'hiver, d'ouvrir à Phébus les portes nuageuses de l'Orient; la nature s'attriste, la brise fait place à l'aquilon. La mer est perfide sur ces bords ; elle se souvient de ses colères antiques, lorsque « Zeus à la grande voix, s'opposant à l'arrivée de Ménélas en Crète, répandait le souffle de ses vents sonores qui soulevaient les grands flots pareils à des montagnes (1) ».

De grandes lames furieuses accourent du large. Les unes viennent avec fracas se briser sur la jetée qu'elles

(1) Homère, *Odyssée.*

couronnent d'écume; d'autres montent à l'assaut du phare et l'enveloppent d'un nuage blanc aux reflets d'argent; quelques-unes franchissent l'entrée du port, escaladent, sans un effort, les quais qui les enserrent, inondent la chaussée et les trottoirs et se répandent sur les dernières marches et les portes closes des maisons. Dans leur violence, rien ne leur est sacré. Le muezzin de la mosquée de la douane, qui proclame du haut de son minaret qu'Allah seul est grand et Mahomet son prophète, se laisse quelquefois surprendre par une douche glacée, qui vient refroidir son enthousiasme, tant il est vrai que nul n'est prophète en son pays.

De l'autre côté du port, sur les remparts, une sentinelle veille mélancoliquement à la garde des prisonniers que l'Etat crétois confie à sa vigilance; si elle s'acquitte au mieux de son service, — aucun prisonnier ne s'est jamais échappé, — par contre, elle se garde moins bien des embruns; dans sa guérite même, la vague indiscrète l'honore d'inopportunes visites.

A l'époque du déluge, nos ancêtres s'étonnèrent beaucoup, dit-on, de voir tomber la pluie pendant quarante jours et quarante nuits; les idées ont progressé depuis; nous avons eu mieux. La Crète salua notre arrivée par des pluies torrentielles qui durèrent plus de deux mois et, si l'on fut quelque peu surpris, il n'y eut cependant ni panique, ni fuite sur les montagnes (1). En revanche, on fit une consommation respectable de bottes crétoises à la grande satisfaction de MM. Spataraki et Mancuso, deux honorables fabricants de chaussures de la Canée.

La pluie est d'autant plus désagréable qu'elle pénètre dans les habitations avec une facilité et un sans-gêne remarquables. Qu'elles soient turques, grecques, véni-

(1) Il est vrai que le bataillon était composé de Méridionaux!

tiennes ou arabes, la plupart des maisons n'ont pas d'âge; la tuile riante et gracieuse, dont la vue faisait les délices de J.-J. Rousseau, semble frappée ici d'un certain ostracisme. Des terrasses pavées à l'instar des anciennes voies romaines remplacent les toitures et s'appuient lourdement sur des charpentes vermoulues; les façades en planches fléchissent et se fendillent; les fenêtres à guillotine, menaçantes quand elles sont levées, deviennent, quand on les baisse, des ventilateurs généralement fort incommodes; les murs se lézardent sous l'action périodique des tremblements de terre; sur tout l'édifice pèse gravement la vieillesse.

Certaines habitations sont de vrais taudis : la même pièce sert de cuisine, de salle à manger et de chambre. Autour de cette unique pièce sont rangées des chaises boiteuses et des espèces de canapés qui se transforment en lits pour la nuit. Ah! ces lits crétois! Ils ne sortent ni de chez le marchand de meubles, ni de chez l'ébéniste; point de sommier, ni de matelas : une large planche sur des tréteaux et une galette de foin ou de crin végétal, et c'est tout.

Le manque de confortable se fait surtout sentir dans les quartiers avoisinant la périphérie de la ville; à l'est, le quartier turc; à l'ouest, le quartier juif. Les deux ont le même aspect misérable.

Les rues, étroites et humides, changent de direction à chaque instant et se transforment en cloaques pendant la saison des pluies; çà et là, une maison avance sur la rue et l'étrangle; plus loin, comme honteuses de leur délabrement, des masures se cachent dans les coins et soutiennent leur vétusté chancelante au moyen de quelques étais. De loin en loin, des traces de la dernière insurrection; le feu a fait place nette par endroits, et s'il n'a pas tout nettoyé, il a tout de même apporté un peu d'hygiène; c'est probablement ce qu'avaient deviné les pétroleurs de 1897.

Au milieu de cette tristesse, une fenêtre fleurie jette parfois sa note joyeuse au passant et le fait songer mélancoliquement à quelque pauvre fille, à l'âme poétique, condamnée à vivre son éternelle misère dans ces labyrinthes empuantis.

Le quartier turc, de tous le plus pauvre, semble inhospitalier et peu accueillant.

Les portes et fenêtres, hermétiquement closes, ne s'entre-bâillent timidement que lorsque la rue est déserte. Si ailleurs une porte peut être ouverte ou fermée, ce n'est pas ici le cas, elle est toujours fermée.

Le « Sésame, ouvre-toi » est représenté par une immense clef, semblable à un pistolet d'arçon; cette clef a le double avantage de se transformer, au besoin, en arme défensive et de ne pouvoir glisser de la poche de son détenteur sans attirer son attention. Malgré ses qualités incontestables, elle ne s'est pas encore imposée aux suffrages des Européens.

Les Orientaux vivent beaucoup dans la rue; ils s'y considèrent comme chez eux :

T'es dans la rue,
Va, t'es chez toi !

Ils y lâchent leurs poules et leurs animaux domestiques, tout comme dans une basse-cour. Ici, c'est un cochon de lait attaché par une patte et accroupi devant une ordure, qui donne un démenti à ses aïeux illustres, affirmant que « la patrie d'un cochon se trouve partout où il y a du gland »; là, une chèvre émaciée arrache une à une les feuilles d'un bouquet de maïs et rumine mélancoliquement, le regard bête, avec la nostalgie peut-être des vertes campagnes qu'elle n'a jamais vues et ne verra jamais; plus loin, un superbe mouton, à la laine soyeuse, promène orgueilleusement son collier de perles et son croissant d'ivoire, sans penser au sort cruel qui lui est réservé au prochain bairam.

La nuit, gens et bêtes franchissent le même seuil, et la séparation entre l'étable et la chambre n'est souvent qu'une barrière morale.

Des odeurs méphitiques s'échappent à travers les ouvertures grillées, tandis que, sur tous les murs — amère ironie! — s'étale en gros caractères la réclame : « Eau de Cologne Lougiaki ».

Les rues centrales de la ville en constituent les artères commerçantes; elles sont plus larges et plus aérées; magasins, cafés, auberges, débits s'y succèdent sans interruption. Une population les habite, qui reflète bien le caractère crétois.

L'avidité commerciale a été, de tout temps, l'un des traits dominants des « Grecs parmi les Grecs ».

Dans l'organisation de leurs magasins, les Crétois déploient une ingéniosité remarquable : peu leur importe que leur échoppe ne soit pas plus large qu'un mouchoir; pourvu qu'ils aient leur place au soleil, ils n'en demandent pas davantage.

Les uns se contentent d'un escalier condamné dont ils transforment les marches en rayons de nouveautés; d'autres, dans l'épaisseur d'un mur, entre deux portes, établissent un comptoir de tabac derrière lequel ils trônent majestueusement; au tournant d'une rue, si une maison présente un pan coupé, vite deux planches rétablissent l'angle droit, et un savetier y élit domicile. Une superficie de 1 mètre de largeur sur $0^m,60$ de profondeur offre un champ suffisant à l'activité de ces infatigables travailleurs.

Quand il est installé, le nouveau commerçant n'a garde d'oublier l'enseigne franco-grecque, indispensable à toute maison qui se respecte : « X..., fournisseur de

S. A. R. Monseigneur le Prince Georges de Grèce, Haut-Commissaire en Crète. »

On est vraiment étonné, devant la profusion des magasins « princiers », des exigences de la vie imposée au premier citoyen du pays.

Jusqu'à ces derniers temps (1904), la ville avait conservé un certain cachet oriental grâce à ses maisons pittoresques, dont les étages débordaient sur la rue et semblaient ainsi s'accouder, en curieux, sur les auvents et les marquises. Mais une municipalité turcophobe veillait. « A l'instar d'Athènes », telle était sa devise.

Après avoir baptisé la plage malpropre de Koum-Kapi du nom de Phalères, il fallait transformer la Canée en pseudo-capitale grecque ; il fallait effacer les traces de l'occupation ottomane, supprimer les étages débordants et imposer aux originales habitations turques des façades uniformes de casernes ou de prisons.

Le changement de décor ne se fit pas sans anicroches.

L'ingénieur de la ville, farouche exécuteur des décisions municipales, avait signifié aux kiosques en saillie l'impitoyable arrêt de mort prononcé contre eux. La sentence devait être exécutée dans l'année. Au bout des douze mois, les condamnés ne s'étaient pas décidés à disparaître ! Force devait cependant demeurer à l'autorité !

Un matin, à la première heure, une nuée d'ouvriers, munis d'échelles et de pioches, inonda les rues de la ville et, sous la protection des gendarmes, se précipita à l'assaut des *spiti* (1) réfractaires. Les démolisseurs n'avaient que l'embarras du choix ; leurs préférences se portèrent d'abord sur les habitations turques. Il fallait voir l'entrain avec lequel les Grecs ébréchaient les mai-

(1) *Spiti*, maison.

sons de leurs anciens maîtres et ennemis. Jamais ils n'avaient mis tant d'ardeur à la besogne.

Naturellement, les résultats décisifs ne se firent pas attendre. Les habitants, brusquement réveillés par les coups de pioche qui « travaillaient » leurs façades comme un champ en friche, apparaissaient avec des mines effarées,

> .....dans le simple appareil,
> D'une beauté qu'on vient d'arracher au sommeil,

et constataient avec stupeur qu'on leur avait percé d'énormes ouvertures, dont ils n'avaient nul besoin, sans grand souci des règles d'esthétique et de symétrie.

Quelques-uns, mis de mauvaise humeur par ce procédé peu courtois, renouvelèrent du fort Chabrol la défense humide et offrirent gratuitement aux salariés de la mairie un bain peu parfumé. Inutile d'ajouter que ces peu commodes citoyens furent immédiatement appréhendés et conduits, les fers aux mains, à l'hospitalière prison de Firka.

A la suite de ces actes de vandalisme officiel, plus rien maintenant dans les rues monotones n'accroche l'œil au passage; seules, d'innombrables perches et hampes s'entre-croisent au-dessus des passants, comme de gigantesques épées menaçantes, tandis que s'enlève dans le lointain la gracile silhouette d'un minaret. Aux jours de fête, mille drapeaux flottent à ces hampes et marient leurs couleurs.

Après avoir été sujets romains, byzantins, arabes, vénitiens et turcs, les Crétois, protégés aujourd'hui par quatre puissances, ne savent peut-être pas quelle est leur nationalité actuelle; dans le doute, ils mettent six pavillons à leur boutique : d'abord le grec; puis dans l'ordre alphabétique, l'anglais, le français, l'italien et le russe. Le drapeau crétois complète enfin la collection. De la sorte, tout le monde est satisfait et les malins se trouveront toujours un protecteur.

Il est même curieux de constater que, comme le caméléon change de couleur, le trafiquant crétois change d'enseigne suivant les circonstances.

Sur la route de la Sude, on peut lire aux quatre faces d'un bar les inscriptions suivantes :

Cafeneion i Enosis (1).
Stella d'Italia.
République française.
God save the King.

La petite bourgade de la Sude, si tranquille d'habitude, est prise un jour d'une crise d'activité. Grand remue-ménage : des maçons, des peintres, des dessinateurs sont demandés d'urgence à la Canée. Tout ce monde accourt affairé et, sans perdre une minute, badigeonne, récrépit, blanchit, gratte les vieilles inscriptions, fait place nette. Puis les artistes étalent avec maëstria leurs couleurs flamboyantes en lettres magnifiques, en réclames engageantes, en fioritures fantaisistes.

La transformation est complète ; restaurants, cafés, débits font peau neuve. La *Trattoria della Minerva* (2) abandonne la nationalité italienne et se fait naturaliser : *Restaurant de l'Escadre française.* L'*Englisch Bar London* renie sa patrie d'adoption et devient la *Brasserie de l'Amiral Pottier;* la civette du coin s'enorgueillit d'être le *Rendez-vous des militaires et marins français,* et le café de Moscou prend le nom de *Café de Paris.*

Tout à la française ! Après l'extérieur, l'intérieur. Dans son cadre vieilli, Félix Faure reprend la place

(1) Café de l'Annexion.
(2) Restaurant de Minerve.

d'honneur au milieu des rois et reines de l'Europe; d'antiques numéros du *Petit Journal illustré*, qui dormaient sous une noble poussière, revoient le jour et étalent au petit bonheur, sur les tables et aux vitrines, leurs gravures jaunies et hors de saison. Pour donner à ces vieilleries un regain de jeunesse, le patron les entremêle des derniers numéros de la *Culotte Rouge* ou du *Petit Parisien illustré*. Quant aux journaux étrangers, ils sont impitoyablement bannis.

On se croirait en terre française, d'autant plus que le drapeau tricolore flotte un peu partout et qu'on chercherait en vain les autres pavillons protecteurs de l'île, là où naguère on n'apercevait qu'eux.

Pourquoi ce changement de décor? S'il est vrai que tout homme a deux patries, la sienne et puis la France, est-ce que les indigènes de la Sude, fatigués d'être sujets crétois, opteraient uniquement pour la libre et lointaine République (1)? Ou bien, une colonie française aurait-elle remplacé les commerçants retirés des affaires? Non, ne cherchez pas; c'est tout simplement notre escadre qui a annoncé sa visite... Elle peut venir maintenant, nos matelots seront là chez des amis.

Deux ou trois mois après, nouveau grattage; la Sude prend l'aspect d'une colonie anglaise; la flotte de Sa Majesté britannique n'est pas loin.

Les Vénitiens avaient doté leur colonie crétoise, et particulièrement la Canée, d'un certain nombre de monuments que les Turcs n'ont guère respectés.

Les Musulmans se contentèrent de vivre sur le pays et d'approprier leur conquête à leurs besoins. Ils ne paraissent pas avoir fait souvent appel à des commissions de monuments historiques, ni à des architectes de large

---

(1) A l'étranger, la France est souvent appelée de ce seul nom : la République.

envergure. On ne peut pas les accuser d'avoir gaspillé les finances en constructions luxueuses et inutiles.

La Canée est aujourd'hui une bourgade qui n'a rien gardé de son antique splendeur, pas même le nom de Kydonie qui aurait pu lui servir de titre de noblesse. Les sciences et les arts l'ont effleurée, mais n'y ont rien produit. Apollon, Terpsichore, Calliope, Euterpe n'ont pas de pied-à-terre dans l'île.

Le théâtre du Jardin, où viennent s'essayer, trois ou quatre fois l'an, des comédiens grecs, n'est qu'une longue baraque que la municipalité utilise de cent façons diverses : tour à tour Chambre des députés, salle de fêtes et concerts, réfectoire des délégations grecques, salon de bal, comptoir de kermesse, etc., cette ancienne imprimerie turque a l'air d'une immense remise de gîte d'étapes.

Les députés l'honorent de leur présence tous les deux ans; ils ne consacrent probablement pas de longues séances aux interpellations, car tout est fini en un mois. La majorité a d'ailleurs un moyen radical pour triompher de ses adversaires : elle choisit dans son sein les gars les mieux bâtis, les mieux râblés et les charge de tomber à bras raccourcis sur les protestataires pour leur faire accepter les décisions de l'Assemblée. A la session de 1903, un malheureux député turc recueillit tant de horions que sa tête — sa pauvre tête de Turc — faillit en être réduite en marmelade. Et le président sonnait, sonnait toujours, et l'orateur à la tribune continuait son discours.

« Vous avez en France, disait un habitant du pays, un terme qui caractérise bien notre Chambre des députés : c'est, au sens strict du mot, un parlement. »

Tout le monde parle, en effet : le président qui lit les propositions et rappelle à l'ordre; l'orateur qui occupe la tribune (haute de $0^m,50$); les interrupteurs qui viennent lui répondre sous le nez; les députés placides qui se réunissent par quatre ou cinq pour bavarder à leur aise; le public, qui ne ménage ni son approbation, ni ses blâmes. Et des lois plus ou moins utiles ou nécessaires sont élaborées, votées par acclamation et vont enrichir le Code de complications nouvelles et inutiles.

Il ne semble pas que les travaux d'utilité publique jouissent d'une grande faveur à la Chambre : d'abord, parce qu'il faudrait les payer et que la caisse est vide; ensuite, parce que l'indigène, à l'exemple de ses ancêtres, se passe fort bien de routes et de ponts; un sentier lui suffit, à lui, à son âne et à son mulet.

Le port de la Canée n'offre qu'un mouillage insignifiant; deux petits bateaux l'emplissent par le beau-temps; au moment d'une tempête, il est inabordable. L'assainir, l'approfondir et l'agrandir, voilà un triple programme qui ne recevra pas son exécution de longtemps.

Une sérieuse désinfection ne serait pas de trop. Les égouts de la ville se déversent dans ce bassin malodorant, et il est des tournants de quai que l'on est obligé de traverser en pressant le pas et en se bouchant le nez.

Une mer un peu moutonneuse dépose sur le bord ou rejette sur la chaussée des détritus de toutes sortes, des algues et des varechs en putréfaction. Et, cependant, il se trouve des poissons qui osent vivre dans ces eaux empestées, des pêcheurs qui leur lancent l'hameçon, et des estomacs qui digèrent ces fritures légèrement avancées.

Sous un soleil de plomb, les fanatiques chevaliers de la gaule suivent attentivement les hésitations du bouchon qui semble frémir d'horreur au moment de s'enfoncer dans ce bain nauséabond. Lorsque l'hameçon, dans les airs,

Suspend l'hôte muet de l'empire des mers,

on dirait que la pauvre victime s'arrache sans trop de regrets aux profondeurs qui le virent naître pour aller garnir une vague bouillabaisse crétoise dans un restaurant voisin.

L'*estiatorion* (1) n'offre à ses clients qu'une installation sommaire et une propreté douteuse. La cuisine se fait d'habitude sur la porte ou très près du seuil; parfois, un fourneau mobile est installé dans la rue et les passants hument avec délices les odeurs des fricots. Le cuisinier s'entoure de grands récipients en fer dans lesquels il puise d'abondantes rations plus souvent avec ses doigts qu'avec la fourchette ou la louche. Les tables sont alignées dehors, sur le trottoir, quand il fait beau. L'hiver, les clients s'entassent dans l'unique salle, à côté du fourneau.

Tous les plats sont à l'huile, à l'huile rance s'entend. Il faut bien, en effet, utiliser les produits nationaux, les fruits de ces milliers d'oliviers séculaires que le feu et le fer des insurgés n'ont pu abattre et qui constituent le seul moyen de subsistances de beaucoup de familles nécessiteuses. Autrefois, les coureurs et les athlètes faisaient une consommation considérable d'huile; souvent même, ils s'habillaient uniquement d'une couche oléagineuse et ne craignaient pas d'affronter les combats, revêtus seulement de cette armure.

La mode a changé; on ne s'habille plus avec le jus de l'olive, que le pétrole et l'électricité ont finalement relégué à la cuisine.

A côté de l'estiatorion, voisine quelquefois un club

(1) Auberge.

ou *leski* (1). Le leski, un des monuments les plus répandus dans l'ancienne Grèce, était une sorte de salle de conférences où les philosophes et les orateurs se rassemblaient pour discourir : certains jours, les vieillards de la tribu y donnaient des conseils écoutés. Quelques-uns de ces clubs, aux allures modestes, existent encore ; mais les orateurs ont fait place à des Turcs placides qui fument des narghilehs et absorbent de nombreuses tasses de café.

Le prince Haut-Commissaire n'habite pas la Canée ; il s'est retiré à Halépa, tout en conservant en ville son palais officiel.

Sous la domination turque, cette grande maison bourgeoise s'appelait *Konak* et servait de palais de justice.

Il y a quelque dix ans, le Konak était suffisant pour contenir juges, avocats, plaideurs, accusés et gendarmes. Actuellement, on a reçu d'Athènes une forte commande de juges ; les Grecs, qui naissaient autrefois poètes, se contentent de devenir orateurs, de sorte que les avocats sont aujourd'hui légion. Tout ce monde-là doit honnêtement gagner son pain ; il faut chercher des procès et, quand on a la bonne fortune d'en trouver quelques-uns, chacun a intérêt à les faire durer. Juges et avocats s'acquittent au mieux de leurs fonctions ; les nouveaux tribunaux ne connaissent pas le chômage ; les témoins récalcitrants sont amenés, s'il le faut, les fers aux mains, et les procès généralement renvoyés à une date ultérieure.

Le Konak était trop exigu pour accueillir tous ses clients ; on a prié dame Thémis de plier bagage et d'aller tenir boutique plus loin.

La Canée perd tous les jours un peu de son cachet

(1) *Leskê*, en grec classique.

oriental; c'est la réaction après l'oppression. Le vaincu, devenu le maître, prend sa revanche; la croix grecque chasse le croissant; le drapeau bleu et blanc a rejeté à la mer le pavillon sanglant d'Abdul-Hamid; mais un pays ne subit pas impunément pendant sept siècles le joug de l'étranger.

Les Vénitiens et les Turcs ont fui; les traces de leur passage ne disparaîtront pas aussi vite que le chemin d'une caravane sur le sable du désert; malgré ses jeunes efforts, la Canée soulèvera difficilement la lourde couronne de remparts et de granit que la République des doges posa jadis sur son front.

ILE DE CRÊTE

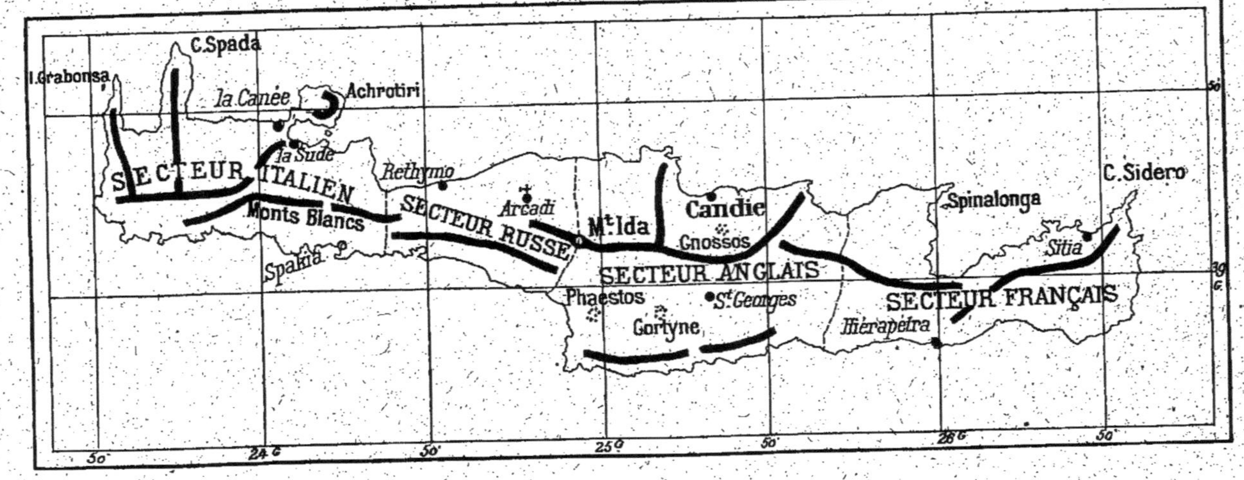

Division de l'île en secteurs.

CHAPITRE II

FAUBOURG DE CALICOUT

« Des bandes de hauts et beaux nègres mâtinés d'Arabes, de vieilles négresses mangées de poux, de vieux nègres laineux aux yeux sanguinolents représentent la tribu des Benghasiotes venue de Tripoli (1). »

Cette tribu a élu domicile aux portes de la ville, dans le faubourg de Calicout.

L'élégance et la distinction des manières ne sont pas précisément son apanage. Hommes et femmes ont des goûts grossiers et rudimentaires. Ils ignorent les tubs, les serviettes et les éponges; leur cabinet de toilette, c'est la plage de Koum-Kapi. La mer bleue est pour eux la grande purificatrice; ils y font leurs ablutions et la lessive de leurs vieilles hardes.

Les Calicouts se lèvent de bonne heure pour aller à la mosquée. Sur les côtes de Tripoli, leur première patrie, ils ont connu autrefois de riches Arabes dont les burnous éclatants de blancheur faisaient leur admiration. Ils voudraient bien, eux aussi, pauvres prolétaires, adopter le costume traditionnel africain; mais leur bourse loge trop souvent le diable pour leur permettre ce luxe. Quelques vieux ont résolu la question d'une façon ingénue : en se levant, le matin, ils enroulent autour de leur corps nu une couverture ou un drap de lit. Les mauvais plaisants — et il s'en trouve parfois — n'ont ensuite qu'à tirer un des pans flottants pour dérouler l'écheveau.

---

(1) Bérard.

Ces Africains bien découplés font par excellence des hommes de peine, des portefaix; à eux sont dévolus les travaux les plus pénibles, les besognes les plus ingrates que leur abandonnent les Grecs, fidèles observateurs de la loi du moindre effort.

Tantôt on les voit, pliés en angle droit sous le poids d'une outre remplie d'eau, s'en aller de porte en porte offrir leur marchandise pour quelques misérables *leptas* (centimes); tantôt, une peau de bouc pleine d'huile sur leurs épaules, ils se font un malin plaisir de foncer, tête baissée, sur les promeneurs inoffensifs sans crier gare; par ailleurs, ils se comptent quatre, croisent deux solides leviers auxquels ils suspendent un fût de saindoux, une barrique de vin, et, oh hisse! enlevez! Les barres fléchissent, elles mordent dans les épaules; bah! c'est une affaire d'habitude. Le plus malin de la bande récite un verset du Coran ou trouve une rengaine encourageante; ses compagnons reprennent immédiatement en chœur : « *Machallah!* (gloire à Dieu!) » et les quatuor s'en va, au pas de charge, à travers les rues et les places de la cité.

Leurs pieds ne supportent point la chaussure; ils n'en sont que plus agiles.

Tels les esclaves antiques, ils s'attellent aux lourds chariots de leurs maîtres avec l'insouciance et la résignation des enfants du Prophète.

Les Turcs, aux derniers temps de leur domination, les avaient fait venir de la côte septentrionale d'Afrique pour les opposer aux chrétiens dont le nombre augmentait régulièrement; après le départ des Turcs, ils sont restés et la nuée de leurs rejetons s'abat sur l'étranger dès qu'il est signalé.

Pénétrez dans leur village aux rues envahies par le sable; sur les carrefours, devant les maisons, des enfants en haillons, à moitié nus, creusent des trous dans le sol, font flotter des cerfs-volants, marchent sur les mains, poursuivent chiens et chats et vous demandent un sou au passage.

Baragouinant un peu toutes les langues, les plus grands s'imposent comme guides; ils sont très accommodants d'ailleurs et vous promettront sans sourciller tout ce que vous leur demanderez; pas de discussions avec eux, quoi qu'il advienne : *deņ birasi,* cela ne fait rien. Leurs prétentions sont minimes; ils vous laissent fixer la rémunération de leurs services et se fient à votre libéralité, sachant bien que vous serez plus généreux qu'ils ne se montreront utiles.

La concurrence est grande; les bandes de ces jeunes vauriens, en attendant l'ouvrage, ont pour le soleil des tendresses de lézard. Ils ne demandent qu'à travailler; mais voilà! voyageurs et étrangers se mettent si souvent en grève!

Aussi entraînés à la marche qu'à la course, quelques-uns sont de vrais prodiges d'agilité, d'une endurance peu commune aux gamins de leur âge.

Lorsque vous acceptez les services d'un Calicout pour une promenade ou une excursion, inutile de vous occuper de lui pendant la route. Que vous alliez en voiture, à dos d'âne, de cheval ou de mulet, votre compagnon vous suivra partout, toujours pédestrement quelle que soit votre allure et, à l'arrivée, se précipitera à la portière de votre sapin ou à la bride de votre monture.

Un de ces jeunes Arabes a été fort longtemps l'enfant gâté des marins et soldats français. Il s'appelait Mohammed, ou mieux Mahomet; mais il était plus connu sous le nom de Pottier. Il avait été, affirmait-il, le meilleur ami de l'amiral français, après son cousin Barouf (1).

(1) Schaabans Barouf est l'ancien cocher crétois de l'amiral. Il

Quoi qu'il en soit, le jeune Pottier singeait admirablement bien son homonyme : démarche, gestes, voix, attitude et surtout juron favori, tout y était. On voyait l'amiral sans l'avoir jamais connu; les marins reconnaissaient que « c'était tout à fait ça ».

Pour acquérir cette habileté, Mahomet avait été à bonne école; grand ami de nos matelots, il avait vécu à leur bord, avait posé avec eux devant l'objectif, s'était considéré longtemps comme l'enfant de l'escadre et avait enfin pris son congé après le départ de nos bateaux.

Il avait alors dirigé ses études et ses observations vers les exercices militaires des divers corps d'occupation.

Aucun mouvement de maniement d'armes ne lui était inconnu. Il fallait autrefois à nos recrues quatre et cinq mois pour apprendre l'exécution et la progression de ces mouvements désormais supprimés; Mahomet apprit en quelques mois commandements et mouvements français, anglais, autrichiens, italiens, russes, monténégrins...

Sa mémoire fidèle lui permet d'en donner encore, de temps à autre, une répétition toujours curieuse, après laquelle il s'autorise à ôter son fez et à le faire circuler à la ronde. Si la quête est infructueuse, cela n'a pas d'importance et ne gâte nullement sa bonne humeur.

En ville, sur les quais, sur la route de la Sude, les camarades de Mahomet sont légion; ils grandissent ainsi, à l'affût d'une botte à cirer, d'une course à faire, d'un paquet à porter. Les jours de chômage, ils serrent leur

---

avait voué à notre compatriote une inaltérable affection et, tous les ans, il se faisait une joie de lui envoyer quelques paniers de mandarines de son pays. La mort de l'ancien commandant de l'escadre de la Méditerranée causa de vifs regrets au brave Barouf. Il conserve maintenant avec un soin jaloux les lettres de remerciements que lui écrivait son ami.

ceinture d'un cran et, si la faim se fait trop sentir, mordent à belles dents dans un concombre ou une courgette.

Plus tard, à leur tour, ils deviennent cochers, hommes de peine, bouchers ou bateliers.

En 1897, les Turcs firent appel à la bonne volonté des Calicouts. Ceux-ci excellaient, dit-on, à allumer les incendies; ils affectionnaient, pour cela, l'huile d'olive chrétienne et, probablement pour purifier les maisons grecques, ils les oignaient d'abord et les enflammaient ensuite. Pas de déménageurs plus experts et plus rapides; ils savaient, en un tour de main, mettre à l'abri certains objets de valeur, qu'il eût été maladroit de laisser brûler. S'agissait-il de supprimer un chrétien? ce n'était pas long : « ils avaient la main faite à saigner les moutons et à équarrir les vieux chevaux » (1).

Les femmes calicoutes sont des espèces de nomades qui errent constamment à travers la campagne à la recherche de salades et d'herbes. Habillées d'étoffes rayées aux tons criards, sales et déguenillées, pieds nus par tous les temps, elles n'évoquent que très vaguement ces merveilleuses beautés que Mahomet promet à ses fidèles comme suprême récompense dans son paradis.

Et pourtant on ne peut s'empêcher de leur trouver une certaine poésie, un je ne sais quoi d'original, lorsqu'à la tombée de la nuit elles s'en reviennent de la fontaine, portant sur l'épaule de grandes jarres d'eau en des attitudes de cariatides!

Elles se parent d'ornements peu coûteux, se teignent les ongles avec du henné et se tatouent sur le menton une ligne bleuâtre.

Un coin leur est réservé au marché, c'est le carré de la verdure. Elles sont là, une vingtaine et plus, accroupies derrière des tas de pissenlits, d'épinards, de dou-

(1) Bérard, *Les Affaires de Crète.*

cette, de fenouil, qui attirent l'attention des passants par leurs cris rauques et gutturaux.

Dans le nombre, se révèlent des gamines effrontées et vicieuses pour qui le panier de salade n'est qu'un prétexte et qui, avec un cynisme horriblement précoce, s'offrent à vous apporter leur cueillette chez vous... Il y aurait tout un chapitre à écrire sur la perversité de ces petites Arabes, perversité pleine de contradictions, qui fait de leur moral aussi bien que de leur physique un sujet d'étonnements; elles revendiquent hautement le titre de « mademoiselle » et acceptent en même temps des contacts avilissants. Vierges après tant de pratiques honteuses, ces corps d'enfants ont des seins admirables de jeune fille.

Telle est, dans ses grandes lignes, cette tribu arabe qui est venue camper aux portes de la Canée : race dure à la fatigue, pour qui la fortune n'a jamais un sourire; qui, dans l'attente de jours meilleurs, borne son ambition à gagner quotidiennement son pain noir, à savourer silencieusement, le labeur terminé, les délices d'un café turc, et pour qui tous les spectacles et attractions à l'européenne ne valent pas l'unique et grossière danse du ventre.

CHAPITRE III

HALÉPA

Au pied de l'Achrotiri, à deux pas des hauteurs arides et rocailleuses où s'étaient réfugiés les insurgés en 1897, la civilisation européenne a bâti un village aux maisons blanches, avec des terrasses et des vérandas, de la verdure et des jardins : c'est Halépa, résidence du prince, des consuls et d'un certain nombre d'officiers et fonctionnaires étrangers.

Bien des villes du Levant ont ainsi leur faubourg consulaire.

Le Haut-Commissaire a choisi, à côté de l'institution des sœurs de l'Assomption, une modeste villa sur laquelle il a arboré son pavillon et qu'il a baptisée « palais d'Halépa ». Un petit jardin sépare la villa de la route; il est de dimensions si minimes qu'on n'a même pas pu y loger le poste d'honneur. On l'a établi de l'autre côté de la voie; les sentinelles qui veillent à la porte du jardin sont autorisées, aux heures de la canicule, à se réfugier à l'ombre du mur d'en face.

Le poste est successivement fourni par les Français, les Italiens et les Russes; les sous-officiers chefs de poste doivent se passer les consignes : au premier abord cela paraît difficile; en réalité il n'en est rien. Jamais une anicroche, jamais une réclamation; le sous-officier français de la garde montante signe, en confiance, l'inventaire et le rapport de son prédécesseur russe dont il ne déchiffre même pas le premier mot, et son successeur, l'Italien, ne fait pas plus de difficultés pour viser le compte rendu français.

De temps en temps, affolement au poste, le clairon sonne aux champs : c'est Son Altesse qui sort. Les Russes, toujours polis, ne la laissent pas passer sans lui souhaiter bruyamment bonne santé et bonne promenade.

Loin des agitations de la ville, les consuls méditent ici, dans le silence du cabinet, sur les graves questions diplomatiques soumises à leur étude et dont ils entretiendront leurs gouvernements.

Des cavas veillent à leur porte; avec leur poignard à fourreau d'argent ciselé et leur pistolet à poignée incrustée de pierres précieuses, passés tous deux dans leur large ceinture, les cavas ressemblent à des chefs de brigands, à de farouches Alibabas. Ce ne sont que de paisibles citoyens qui remplissent auprès de leurs maîtres les fonctions de plantons, vaguemestres, gardes du corps et concierges.

Le cavas du consul de France, le fidèle Moustapha, joint à toutes ces fonctions celle fort enviée de maître des cérémonies dans les processions catholiques. Il faut le voir, à cinq ou six pas en avant du cortège, isolé par le respect, dirigeant avec un art consommé la marche religieuse, ralentissant ou allongeant l'allure, suivant les circonstances, pour éviter les à-coups et le désordre. Le héros de la fête, c'est lui, il en est fier.

Mahomet lui-même ne lui tient pas rigueur de l'hommage qu'il rend à un autre Dieu qu'Allah, et le couvre d'un regard bienveillant.

Le village d'Halépa a été célèbre par le pacte de 1878, qui porte son nom et qui, sous la domination turque, donnait aux chrétiens une part effective dans les divers emplois.

Ce pacte prescrivait en outre la réunion, tous les deux ans, d'une assemblée élue pour voter le budget et les lois nécessaires.

Deux kilomètres séparent Halépa de la Canée; le trajet peut se faire en omnibus pour 0 fr. 05, ou en vis-à-vis pour 0 fr. 10.

Quant aux voitures particulières, que les Crétois ont baptisées *amaxas* — Homère ne désignait pas autrement le char d'Achille — elles n'ont point encore adopté le taximètre et se paient de 40 à 80 centimes suivant la course et le nombre de personnes.

Au printemps de 1904, ce tarif parut excessif en haut lieu. La municipalité décida d'en confectionner un autre. Avec le zèle qui caractérise les arrivistes et les quémandeurs de sourires, elle se mit à l'œuvre et rendit obligatoire un tarif inepte. Compagnies de voitures et cochers répondirent du tac au tac : « Ce n'est pas nous qui violerons votre nouveau tarif; l'applique qui voudra; nous nous retirons des affaires. »

Et l'on vit, pendant une dizaine de jours, cochers et chevaux prendre leurs vacances, le long des routes et narguer le passant essoufflé. Pas une défaillance, pas un lâcheur, pas le moindre trouble; ce fut la grève modèle.

La municipalité, étonnée de sa propre audace, ne *sut* que capituler.

Le lendemain, à la sortie de la Canée, l'on entendit de nouveau le cri perçant des gamins attachés au service des omnibus : *Khalépa, pende lefta* (1). L'on recommença à s'entasser dans les lourdes pataches à douze places que remorquent péniblement de pauvres haridelles, suant et soufflant comme l'attelage du coche de la Fable.

Le détachement de gendarmerie française est installé au delà d'Halépa, sur le bord de la mer, tout

(1) Halépa, 5 centimes.

près de la source d'eau douce qui approvisionne notre bataillon. Son chef, un lieutenant, se partage, avec un lieutenant-colonel russe, les attributions de commandant de l'escorte internationale de Son Altesse Royale.

Ces officiers sont chargés, deux fois l'an, d'accompagner le prince aux revues et aux *Te Deum;* en bons camarades, ils pratiquent la division du travail; chacun ne marche qu'à son tour pour ne pas faire double emploi.

Bien que résidence princière, Halépa ne rappelle que très vaguement les villégiatures des souverains d'Europe.

Deux tennis s'y font concurrence; le Haut-Commissaire, grand amateur de sports, se réserve le premier; quant au second, il est international. Et c'est tout!

On y jouit, il est vrai, de couchers du soleil admirables; il faudrait la plume d'un Rousseau ou d'un Chateaubriand pour en décrire les transparences d'or pâle, les mourantes couleurs, les enchantements des laves *brûlantes* dont s'enflamme la mer tranquille!...

Le prince Georges, s'il pratiquait la religion de son illustre prédécesseur, le roi Minos, tirerait d'heureux présages de cette beauté du ciel crétois.

Souhaitons que le ciel d'Orient lui demeure clément et favorable et que, du haut de sa terrasse d'Halépa, il puisse admirer longtemps encore le coucher du soleil, heureux du sourire de cette bonne déesse, la Fortune, qui n'est pas morte avec les dieux de l'Olympe.

CHAPITRE IV

CORPS D'OCCUPATION INTERNATIONAL

Lorsque, en 1897, la Crète attira l'attention de l'Europe, les puissances concentrèrent une véritable flotte sur la côte septentrionale de l'île et débarquèrent des détachements de diverses armes. L'Italie envoya des carabiniers, des artilleurs, des bersagliers et des fantassins; la France, quatre bataillons d'infanterie de marine; l'Angleterre, deux bataillons qu'elle tira de la garnison de Malte; la Russie, trois bataillons; l'Autriche, un bataillon; le Monténégro, une compagnie que l'on convertit en gendarmerie; l'Allemagne débarqua vingt marins.

Pour pacifier rapidement l'île, les puissances l'organisèrent en secteurs et se partagèrent les villes de la côte; après bien des hésitations et des tâtonnements, les Italiens s'établirent à l'ouest à la Canée; les Russes et les Anglais au centre : les premiers à Rethymo, les seconds à Candie; les Français à l'est, à Sitia, Spinalonga et Hiérapétra.

Les fièvres causèrent de terribles ravages dans la garnison française de Sitia et il fallut évacuer ce port. Spinalonga (1) n'était qu'une vieille forteresse dans un îlot voisin de la côte, dont les habitants, avant l'intervention, se livraient volontiers à la piraterie. L'évacuation de Sitia entraîna celle de Spinalonga et de Hiérapétra et les troupes françaises s'établirent à la Canée devenu un centre international.

---

(1) Spinalonga vient d'être organisée en léproserie.

Actuellement (août 1905), le corps d'occupation de Crète comprend :

Un bataillon français,
Un bataillon italien,
Un bataillon russe,
Un bataillon anglais.

Des détachements des gendarmeries française, italienne et russe constituent l'escorte internationale du prince Haut-Commissaire.

La gendarmerie crétoise forme une sorte de petite armée indigène d'environ 2.000 hommes.

Les Russes ont une compagnie à la Canée et trois à Réthymo; les Anglais occupent Candie.

Tiennent garnison à la Canée : les bataillons français et italien, une compagnie russe, deux compagnies de gendarmerie crétoise avec l'état-major et l'escorte internationale du prince Georges.

Le commandement supérieur a été exercé, depuis la pacification de 1898 jusqu'en février 1905, par des colonels français; les titulaires ont été les colonels Spitzer, Famin, d'Albignac, Destelle et Nicolas.

Le colonel Nicolas, actuellement général de brigade, commandant militaire du Palais-Bourbon, eut comme successeur le lieutenant-colonel Lubansky, qui se trouva moins ancien que son collègue italien; ce dernier exerça le commandement supérieur à partir de février 1905. Le lieutenant-colonel Lubansky a été promu au grade supérieur en juin dernier et maintenu en Crète.

Le colonel commandant supérieur a, dans les cérémonies publiques, le même rang que les consuls généraux.

Antérieurement à juin 1904, les colonels appartenaient à l'infanterie coloniale. Le dernier, le colonel Destelle, était un vieux Crétois; en 1897, il prit une part active à la pacification. La langue du pays ne lui était pas plus étrangère que les mœurs et les habitudes des indigènes. Avant d'être envoyé dans le secteur français de Sitia, si malsain et si fiévreux, il avait acquis à Madagascar une expérience qui fut précieuse pour le corps d'occupation.

L'amiral Pottier, qui voulut faire de son secteur le modèle des secteurs, confia en mai 1898 la province d'Hiérapétra au lieutenant-colonel Destelle.

Un de ses rapports trace un tableau exact de la situation au moment de la prise de possession française :

« Hiérapétra se compose de deux parties bien distinctes : la ville haute entourée de murailles, avec l'ancienne forteresse vénitienne, habitée par les musulmans, et le faubourg qui ne renferme que des chrétiens et qui s'étend au bord de la mer.

» Avant nous, les Italiens s'étaient établis au faubourg hors de la ville où ils ne pénétraient qu'exceptionnellement, laissant complètement la garde de celle-ci à la petite garnison turque.

» Un chrétien allant en ville pour une affaire n'y pénétrait qu'accompagné par un soldat italien et un soldat turc. Il en résulte que chrétiens et musulmans sont restés en défiance et les autorités ottomanes ont fini par se figurer que personne ne pourrait pénétrer dans la ville dont les portes étaient fermées tous les soirs au coucher du soleil. Telle était la situation à notre arrivée; il n'était pas possible de la tolérer, car elle ne menait à rien. Les musulmans en ville, les chrétiens au faubourg, séparés par les troupes internationales auraient pu rester ainsi indéfiniment, sans qu'il fût fait un pas dans la voie du rapprochement. J'avais donc donné pour instructions au lieutenant-colonel Destelle d'arriver, sans rien brusquer, à modifier cette situation. »

Le colonel Destelle fit si vite et si bien, grâce à la haute influence de l'amiral Pottier, qu'en dix jours l'union devint un fait accompli. L'amiral, venant à Hiérapétra pour la première fois, fut reçu par la municipalité qui lui souhaita la bienvenue aux cris de : « Vive la France! Vive l'amiral Pottier! Vive le colonel Destelle! Vive la Crète! »

Presque toutes les maisons avaient arboré le pavillon français; beaucoup étaient ornées de feuillages et de fleurs. Chrétiens et musulmans étaient également heureux de voir les Français à Hiérapétra.

Un mois après la prise de possession, Hiérapétra était transformée, les rues nettoyées, les maisons désinfectées; les églises, les écoles rouvertes faisaient l'étonnement de l'amiral russe, qui venait comparer les résultats de cette politique française avec la misère et les alarmes où vivait encore le secteur russe de Rethymo. Une brigade de gendarmerie française vint achever de pacifier cette façade de la Crète.

En août 1898, l'amiral Pottier écrivait :

« La situation à Hiérapétra est excellente. Le calme est complet dans la région; l'apaisement se fait de plus en plus. Quand les autorités turques auront disparu, la pacification complète sera immédiate. L'état sanitaire est très bon, sauf les cas de fièvre paludéenne. On arrivera facilement à les faire disparaître en achevant de combler le marais qui est au nord de la ville. Cette opération pourra être faite à peu de frais. On emploiera les malheureux de la ville et du faubourg. Le desséchement sera profitable à nos troupes et aux indigènes. Nous devons avoir à cœur de laisser après nous des traces de notre passage. »

A l'occasion du 14 Juillet, les trois évêques et tous

les chefs des comités de la Crète orientale avaient envoyé à l'amiral une longue adresse.

« Nos provinces, disaient-ils, jouissent d'une tranquillité inconnue du reste de l'île ; nous avons la plus entière confiance dans les trois officiers qui nous gouvernent. MM. Destelle, Chevalier, Dupourquier ont parcouru toute la contrée. On les connaît dans tous les villages. »

L'habileté, le tact et l'intelligence qu'il déploya dans ses fonctions, valurent au lieutenant-colonel Destelle une lettre de félicitations du ministre et contribuèrent certainement, quelques années après, à sa nomination au commandement supérieur des troupes internationales.

Mission du corps d'occupation.

Que fait le corps d'occupation en Crète ? Quelle est sa mission ? A quoi l'emploie-t-on ?

Au début, il a pacifié l'île. Musulmans et chrétiens se faisaient une guerre sans merci ; il n'était pour eux de passe-temps plus agréable que de jouer du poignard, du fusil, et d'allumer de grands feux de joie avec les meubles et les arbres du voisin. L'homme chassait l'homme.

Les troupes européennes arrivèrent et interdirent immédiatement ce sport nouveau genre : après quelques hésitations, les adversaires laissèrent tomber leurs armes. Puis, pour empêcher la lutte de recommencer le lendemain, l'Europe annihila presque l'un des deux adversaires ; elle embarqua de gré ou de force les soldats du Sultan. Une quarantaine de mille Turcs restent aujourd'hui en face de 260.000 chrétiens ; les musulmans, envahis de tous côtés, perdent pied et émigrent ; les orthodoxes gagnent le terrain abandonné.

Cette conquête pacifique de l'île paraît trop lente aux Greco-Crétois, et les troupes internationales, qui modèrent leur ardeur, sont bien gênantes en la circonstance. Leurs gouvernements semblent les avoir oubliées là ; ils font la sourde oreille dès qu'on leur parle de les retirer et ne manquent pas d'objecter : « C'est une question internationale que je ne peux régler seul. »

Le Crétois n'aime pas ces étrangers trouble-fête, mais il se résigne et les subit ; seulement, si charbonnier ne peut être maître chez lui, il se venge et il fait payer cher à la bourse de ses maîtres le droit de commander dans sa maison. Les puissances ont d'abord avancé 4 millions, afin d'empêcher la pauvre Crète de mourir de faim et pour indemniser leurs nationaux, victimes des derniers événements. Les 4 millions ont disparu ; le budget crétois est à sec, de sorte que les Européens lésés par l'insurrection attendent encore le payement de leurs indemnités.

Habile et patient, le Crétois connaît son affaire ; il n'écorche pas sa victime, il se contente de la tondre, mais il excelle dans cet art. Il a d'abord fixé un prélèvement de 11 p. 100 sur tout produit importé ou exporté ; il a créé ensuite pour toutes choses un prix « étranger ». Il n'est pas un Crétois qui n'ait quelques feuilles de tabac, des légumes, des fruits, des moutons, des meubles, des étoffes à vendre, une maison à louer ; il s'assure par ce moyen un bénéfice rémunérateur avec notre argent et se laisse vivre en attendant l'annexion.

Il est désormais bien tranquille ; rien ne lui manque ; il a des ministres, des députés, des juges, des gendarmes, une banque.

Si l'assiette au beurre et les grasses sinécures ne sont encore pas son lot, du moins il a la satisfaction de les voir entre les mains de ses bons amis les Grecs, venus d'Athènes. Les corvées, ce n'est pas lui qui les fait; la conscience légère, il peut dormir sur les deux oreilles; les sentinelles européennes veillent à sa sécurité et, à la moindre alerte, occupent la douane, la banque et les prisons.

Aux fêtes du prince, il est au premier rang pour jouir du coup d'œil; on lui offre une revue le matin et des illuminations le soir; il peut crier tout à son aise : *Zito Enosis* (1)! Il a à sa disposition des soldats de quatre nations, qu'il ne paye pas, et les instructeurs de sa gendarmerie lui offrent leurs services à un prix défiant toute concurrence.

Et cependant, il n'est pas content.

Le corps d'occupation, c'est la force au service de l'étranger, c'est une délégation des puissances protectrices décidées à imposer encore leur tutelle aux Crétois. Que cette troupe se montre impuissante à empêcher les protestations et les troubles, cela se conçoit aisément. Elle est en pays hostile, son effectif ne lui permet d'occuper que quelques points de la côte. L'Europe civilisée hésite à traiter inexorablement en ennemis des hommes coupables de patriotisme.

Mais que diable est-elle donc allée faire dans cette galère?

A ces officiers des armées étrangères les plus instruites, le Crétois préférerait les modestes *axiomatiki* (2) de S. M. le roi des Hellènes; son cœur serait plein de joie si les uniformes sombres de ces soldats venus des quatre coins de l'Europe faisaient place à la fustanelle blanche des evzones d'Athènes, Larissa ou Missolonghi.

---

(1) Vive l'annexion!

(2) Officiers.

Gendarmerie crétoise.

Bien avant l'insurrection de 1905, M. de Mandat-Grancey avait écrit, dans son *Voyage aux pays d'Homère*, qu'il y aurait de l'imprudence à confier le commandement de la gendarmerie à des indigènes. C'était probablement aussi l'opinion du conseil des amiraux, qui appela à la tête de cette troupe des officiers de carabiniers italiens.

Est-ce faire injure aux Crétois que de se montrer à leur égard méfiant comme un fantassin? Nullement. Un gendarme français ne peut exercer ses fonctions dans son pays natal. Les multiples attributions qui incombent aux chefs de la gendarmerie crétoise pourraient être convenablement remplies par des citoyens du pays; mais, chaque fois que la question nationale sera agitée, l'Europe se trouvera d'un côté, la presque unanimité des indigènes, y compris la gendarmerie, de l'autre.

Tant qu'il s'agira d'assurer l'ordre, d'arrêter les voleurs et les criminels, de faire respecter les lois et règlements de police, la maréchaussée ne marquera aucune hésitation. Mais combien ne serait-il pas dangereux de confier une force organisée à des Crétois et, au jour du danger, de demander à ces chefs, au nom de l'étranger détesté, de traiter en rebelles leurs parents, leurs frères, leurs amis, dont ils partagent les sentiments politiques.

Cette crainte des désertions dans la gendarmerie n'était que trop fondée; nombre de ces défenseurs de l'ordre passèrent à l'ennemi, au printemps de 1905, avec armes et bagages et ce sont eux qui formaient les avant-postes des insurgés.

Etudions un peu cette troupe étrange, prête à tous les dévouements en temps de paix, et qui devient, dès que parle la poudre, un instrument délicat, difficile à manier, d'un emploi dangereux.

La gendarmerie se recrute par voie d'engagement. Nul besoin de sergent racoleur pour amener à la caserne les jeunes gens les plus solides, les plus beaux spécimens de la pure race crétoise. Les médecins et l'adjudant-major Mensitieri n'ont que l'embarras du choix.

Est-ce l'ambition, l'amour des armes, l'uniforme ou le traitement qui provoquent tant de demandes?

Les indigènes peuvent aspirer aux grades de vice-brigadier, brigadier et maréchal des logis; les grades supérieurs sont réservés aux sous-officiers et officiers italiens.

Les Crétois trouvent trop modeste le bâton de maréchal des logis, dont leur ambition doit se contenter, eux qui étaient presque tous capitaines ou colonels à la dernière insurrection. Ils récriminent et protestent, car la gendarmerie, c'est leur chose, leur armée.

Plus d'un brave paysan se prive du nécessaire pour que son *paidi* (1) fasse bonne figure sous l'uniforme de gendarme. Songez donc, avec 50 francs par mois, on ne peut guère entretenir des danseuses!

Les tenues sont chères et il faut souvent les renouveler; le pourpoint bleu et le gilet à broderies pourpre passent très vite; quant au pantalon noir bouffant, un peu semblable au falzar de nos zouaves, il exige un luxe d'étoffe ruineux. Ajoutez une ceinture lie-de-vin, un bonnet grec avec l'écusson doré et une paire de bottes — chaussures de fatigue, de repos, de ville et de parade — et vous avez la tenue complète et coquette du gendarme crétois.

La gendarmerie est divisée en cinq compagnies territoriales, réparties en quatre-vingt-dix-neuf postes;

(1) *Paidi*, garçon.

chaque compagnie correspond à l'une des préfectures de l'île: la Canée, Candie, Rethymo, Sphakia, Mirabello. Le commandement des compagnies est exercé par des lieutenants de carabiniers italiens, qui ont le titre et les fonctions de capitaine. A leur tête se trouve un capitaine de même nationalité, ayant les attributions de chef de bataillon.

Cette troupe indigène assume et remplit quantité d'emplois. Successivement soldat, agent de police, gardien de prison et de banque, douanier, garde champêtre, interprète, rameur, cycliste, etc., le gendarme est universel; il apporte à chacune de ses fonctions un zèle qui peut quelquefois ne pas être très heureux, mais qui du moins est indiscutable.

Soldat, il l'est officiellement depuis le 21 décembre 1901, jour où le commandant supérieur reconnut, par un ordre international, la gendarmerie comme corps régulier et l'admit à prendre la droite dans les revues... Instruit d'abord par les officiers français, il semble avoir pris goût à leur enseignement et avoir apprécié autrement qu'en France les mouvements de maniement d'armes. En effet, tandis que chez nous on supprime ces mouvements, en Crète, non seulement on les conserve précieusement, mais on ne les connaît que dans notre langue (1); de sorte que des instructeurs italiens commandent en français à des soldats grecs ou turcs. *Et la manœuvre n'en va pas plus mal!*

L'exercice fini, le guerrier fait place à l'agent de police. Les délinquants n'ont qu'à bien se tenir, car si les agents sont de braves gens, ils ne plaisantent pas avec la consigne. Ils ont un puissant auxiliaire à leur disposition : c'est une chaîne en fer, inélégante peut-être, mais solide, du même modèle que celles dont les

(1) En 1904, il en était encore ainsi.

charrons munissent les brancards des charrettes. Le cadenas est approprié à la chaîne. Quand un infortuné citoyen s'est laissé prendre le poignet, c'est une main de fer, sans gant de velours, qui le serre étroitement et n'ouvre son étreinte que derrière une porte triplement verrouillée.

Chrétiens et musulmans acceptent d'ailleurs très bien, à l'occasion, ce sérieux fil à la patte.

Lorsqu'il plaît au tribunal de siéger, on lui prépare une fournée d'inculpés. Quatre gendarmes et un brigadier se rendent à la prison de Firka ; pendant que le brigadier fait l'appel, les gendarmes disposent leur appareil d'attache.

Une longue chaîne sert d'axe; de mètre en mètre partent deux ramifications, une de chaque côté.

A l'appel de son nom, le n° 1 s'avance, passe son poignet droit dans le bracelet qu'on lui présente et, lorsqu'il sent que le gendarme a assez serré la vis, il le prévient aimablement; celui-ci le remercie. Le n° 2 est attaché par son poignet gauche et les deux camarades, attelés à la daumont, devisent agréablement, en attendant que le convoi soit formé. Quatre, huit, douze seize prévenus sont ainsi accouplés sans une résistance, sans même une hésitation. L'opération terminée, le convoi s'en va nonchalamment à travers les rues de la ville; les prisonniers saluent au passage les amis rencontrés par hasard, sans se soucier de leurs fers et de la condamnation qui les attend. Dès que les juges ont prononcé leur dure sentence, — les tribunaux crétois n'admettent que des circonstances aggravantes, — les condamnés sont réintégrés avec le même cérémonial et on passe à d'autres.

Voici maintenant notre gendarme converti en gabelou; l'importation et l'exportation n'ont pas de secret pour lui et il est aussi inutile d'essayer de le tromper

que de le corrompre. La douane, c'est son argent qui rentre, sa paye assurée; c'est la prospérité de son pays. Le peuple ne veut pas débourser un sou d'impôts; il se contente de payer plus cher ce qu'il achète. La douane rend à peu près 30.000 francs par mois; c'est l'unique mamelle nourricière de la Crète et Dieu sait si cette mamelle est pressée! Le droit de 11 p. 100 sur toutes les marchandises est rigoureusement prélevé, le plus souvent en nature, de sorte que l'administration de la douane gère un véritable bazar où viennent fraterniser, côte à côte, les marchandises et les denrées les plus disparates.

C'est ainsi que le gendarme crétois est utilement employé dans divers services pour lesquels des spécialités ont été créées ailleurs. Discipliné, respectueux et correct, il se montre plein de déférence pour les officiers étrangers.

Dans les postes des campagnes, ces derniers sont reçus avec toutes sortes d'égards. Ont-ils faim? Les meilleurs plats sont pour eux. Désirent-ils se reposer? Les lits les moins durs leur sont offerts. On épie leurs moindres désirs; toutes les modestes ressources dont dispose le détachement sont à l'entière disposition des hôtes de passage.

Mais c'est sur les sentiers de la montagne qu'il faut étudier le gendarme crétois. A le voir s'en aller insouciant, le fusil en travers sur les épaules, en tête de la caravane qu'il guide, on ne se doute pas du nombre d'heures pendant lesquelles il peut marcher.

Il ne connaît probablement pas la méthode du commandant Raoul; mais il serait digne de lutter avec l'antique fils d'Idoménée, « Orsilokhos, qui, dans la grande Crète, l'emportait sur tous les hommes par la rapidité de ses pieds (1) ».

(1) Homère, *Iliade*.

Corps d'occupation français.

Le 1er novembre 1902, le 4e bataillon du 4e régiment d'infanterie coloniale fut remplacé en Crète par le 4e bataillon du 122e régiment d'infanterie; ce dernier a été relevé en octobre 1904 par le 2e bataillon du même régiment.

Organisation. — Le bataillon se compose en entier d'anciens soldats, et il ne reçoit pas de recrues; son effectif, de 500 hommes (1), est formé de militaires appartenant à deux classes successives, libérables par moitié tous les ans.

En plus des cadres normaux du temps de paix, le bataillon comprend :

1° Un officier chargé des détails;

2° Un médecin aide-major;

3° Un caporal armurier et cinq conducteurs.

Au bataillon, sont rattachés pour ordre :

Le colonel commandant supérieur des troupes;

Le capitaine adjoint au colonel;

Un vétérinaire en second.

Garnison et casernement. — Le bataillon tient garnison à la Canée; il détache à la Sude une fraction d'un effectif variable : section, peloton ou compagnie, suivant la saison et les circonstances.

La caserne de la Sude, bâtie dans l'arsenal, à 2 kilomètres des marais de Touzla, paraît devoir fournir les meilleures conditions d'hygiène et de bien-être. Elle s'élève sur un mouvement de terrain qui domine la baie, dans laquelle viennent stopper les vapeurs des

(1) A la suite de la révolte de 1905, l'effectif a été porté à 700 hommes.

Messageries maritimes; large, spacieuse et aérée, elle voisine avec le logement du commandant de l'arsenal. Le soldat s'y croit en campagne.

Devant la porte, un jardin potager qu'il fait fructifier; pommes de terre, choux, tomates, carottes, salades lui prodiguent tour à tour d'abondantes récoltes. Le long d'un mur, quelques mètres carrés de fraisiers, soigneusement cultivés, lui offrent, les jours de fête, un dessert exquis et parfumé.

Voici l'heure de la liberté, les corvées sont finies, le repas terminé; notre homme allume sa pipe, prépare dans un coin ses engins de pêche, et, la ligne sur l'épaule, s'en va taquiner le pageau. Les charmes d'une promenade en mer le tentent-ils? Vite un signe à Kosti, le batelier du poste de l'îlot; Kosti largue sa voile et l'on part à travers la baie tranquille.

Le jeune guerrier serait-il d'humeur moins pacifique? Il appelle un des nombreux chiens qui ont élu domicile à la caserne, passe chez le pallikare voisin, cabaretier par hasard, braconnier de profession, lui emprunte son fusil et, sifflant un air vainqueur, s'en va effaroucher d'inoffensifs moineaux ou quelques corbeaux égarés.

Une excursion le séduit-il? La montagne est là, tout à côté; en haut, un village dont on aperçoit les premières maisons semble se pencher curieusement sur le rebord de la hauteur et faire un signe amical. « Allons-y! » et le promeneur, un bâton à la main, gravit courageusement les pentes du Paléo-Kastron et s'offre un café turc à Malaxa.

Tout semble donc réuni à la Sude pour en faire une villégiature attrayante; mais le climat crétois y est un peu inclément; chacun doit payer son tribut aux fièvres paludéennes. C'est l'affaire de trois ou quatre jours; on se gorge de quinine et on n'y pense plus.

Les casernes de la Canée sont moins confortables; certaines sont de vraies antiquités vénitiennes que le touriste ignore et que nous nous faisons un plaisir de lui signaler. Elles offrent un intérêt si réel que naguère un officier du 5e génie, délégué par le ministre, est allé les visiter. Trois bâtiments principaux, indépendants les uns des autres et séparés par des distances considérables, ont été aménagés en casernes et rapiécés sur toutes leurs faces.

Le premier, baptisé « Caserne Amiral-Pottier », est un ancien collège fondé en 1631, ainsi qu'en témoigne une plaque de marbre placée sous le lion de Saint-Marc en face de la rue Splandgia :

Francisi Molini Proc.
Partion. Miram.
Inspectato.
Urbi et anti viri.
Sanctissima caris.
Aloise Maripetro Rectoris
Maximam admirato solertiam
Solenni Sycharmam plaude
Abi.
1631.

Au-dessus de la porte d'entrée un tambour, vaguement soutenu par des piliers qui s'effritent, menace ruine et prend une inclinaison de jour en jour plus menaçante. Les tremblements de terre semblent se jouer de son instabilité et l'ébranlent à l'envi. Encore un et il aura vécu!

Le casernement de Koum-Kapi a servi d'hôpital turc pendant plus d'un siècle; il en est resté bien malade. C'est un vieillard décrépit, incertain sur sa base et dont il devient de plus en plus difficile de réparer des ans l'irréparable outrage.

A ses côtés, on a utilisé une immense cale vénitienne, en la dotant d'un plancher à hauteur du 2e étage. Un peloton trouve ainsi facilement à se loger; mais on ne saurait veiller avec trop de soin à la solidité du parquet, car si une trappe venait à s'ouvrir brusquement, quelque malheureux troupier pourrait exécuter malgré lui un dangereux saut en profondeur.

La caserne de Firka était autrefois une prison. Ses chambres, étroites et voûtées, ressemblent aux chapelles orthodoxes qu'on découvre à chaque instant dans la campagne; et l'on s'attend, quand on en franchit la porte, à trouver, à l'intérieur, quelque pope en prières, devant les Saintes Images. Sous la domination turque, la prison de Firka constituait une dépendance du palais du gouverneur militaire, transformé aujourd'hui en cercle français. Les pachas avaient sous la main un moyen commode de se débarrasser des invités gênants et plus d'un de ces importuns s'en alla quelquefois terminer sur la paille humide des cachots une soirée brillamment commencée : la roche Tarpéienne à côté du Capitole.

Des quatre bataillons qui constituent le corps d'occupation, le nôtre est le moins bien logé. Venu à la Canée après les Italiens, il s'est installé au petit bonheur. Le gouvernement crétois, qui donnerait volontiers congé à ce locataire encombrant, ne fait pas réparer la maison; il se refuse, et pour cause, à lui en construire une nouvelle.

Les trois casernes sont placées à la périphérie de la ville, sur les remparts : la première au sud, la deuxième à l'est, la troisième au nord; elles ont été bâties sans grand souci des règles d'hygiène et détournées de leur destination première; elles ne forment, malgré tous les efforts, que des logements médiocres.

Les étages sont seuls utilisés ; les rez-de-chaussée ,trop

humides et mal aérés, sont convertis en magasins, dépôts et ateliers.

Les sous-officiers peuvent se loger dans les nombreux recoins qui caractérisent les constructions turques ; leurs chambres sont généralement assez agréables, mais l'ameublement est des plus sommaires.

Nul mur d'enceinte ne clôt les casernements ; portes et fenêtres donnent dans la rue. Cette disposition supprime les punitions pour escalade après l'appel du soir, mais elle n'empêche nullement de sortir sans permission ; le service de semaine a beau prendre les dispositions *ad hoc* et resserrer son réseau de surveillance, toujours quelque malin se glisse à travers les mailles.

Tenue. — Le climat crétois nécessite l'adoption de la tenue coloniale, qui comporte le casque en liège, une tenue blanche et une tenue kaki.

Très commode et très appréciée, la tenue blanche rendrait bien des services à nos troupes du Midi de la France.

Le vêtement kaki est d'une nuance difficile à définir ; cette couleur ne se retrouve pas dans le spectre solaire. C'est peut-être la cause des interprétations nombreuses qu'en font les marchands d'étoffes de la Canée.

Tous prétendent posséder la vraie couleur ; ils ont à leur étalage dix nuances diverses. Quel que soit votre choix, le tailleur vous assurera toujours que vous seul possédez le vrai kaki anglais. Il en résulte pour l'ensemble des officiers une bigarrure curieuse, une diversité de tons allant du jaune tendre au gris fer, en passant par l'orange, le cachou, le jaune d'œuf, le paille, le gris perle ; bref de quoi composer un nouvel arc-en-ciel.

Montures. — Le bataillon possède un nombre respectable de chevaux, mulets et ânes. A voir l'entrain avec lequel tous ces animaux au poil luisant dévorent leur avoine et leur foin, on pourrait les croire fringantes montures ou vigoureuses bêtes de trait ou de bât. Ils ont l'œil vif, portent beau, s'impatientent, hennissent, frappent du pied; on a même dû scinder l'écurie en deux : côté des messieurs, côté des dames. Mais toute cette belle ardeur est un feu de paille. Au pas, derrière une compagnie, les chevaux de selle ne font pas trop mauvaise figure; au trot, si la route est bonne, on pourra peut-être bien aller 2 kilomètres; quant au galop, c'est pour quelques raffinés; il y aurait du danger à pousser certains d'entre eux à cette allure.

A leur tête, l'antique *Boston*, doyen et majeur, avec ses 23 ans et ses nombreuses campagnes, continue de prêcher d'exemple et s'applique, les jours de revue, à ne buter que tous les vingt pas.

Ses cadets, s'ils ont aussi la coquetterie de ne pas vouloir vieillir, n'en valent pas mieux et ils ont, comme lui, des droits incontestables à la retraite.

Auprès d'eux, huit coursiers d'Arcadie sont plus jeunes et plus bruyants. Ils s'enrôlèrent dans les troupes coloniales au moment des événements de 1897. Leurs maîtres, Turcs ou Grecs, s'étaient enfuis et les avaient abandonnés à leur malheureux sort. Ces pauvres bêtes avaient sans doute appris qu'il existait chez les Français, plus civilisés, une Société protectrice des animaux et qu'au pays de Buridan on n'avait que le choix pour satisfaire sa faim et sa soif. Toujours est-il qu'un matin on les trouva dans les cantonnements français, qu'ils manifestèrent leur intention évidente d'y rester et qu'on dut céder à leur entêtement. On leur confectionna des bâts superbes, qu'ils portent toujours gaillardement.

Ils ne paraissent nullement regretter leur coup de tête. On les traite en enfants gâtés dans leurs compagnies, dont ils sont la plus noble conquête; ils rendent des services fort appréciés, ne boudent pas à la besogne, font les corvées de vivres, approvisionnent les cuisines en eau, transportent du bois, des effets, etc., et accidentellement transforment les fantassins qui les soignent en cavaliers.

A eux huit — quatre ménages — ils constituent le petit haras du bataillon. Les âniers, reproducteurs d'occasion, ignorent les croisements par sélection, mais ils enrichissent les ordinaires par la vente fréquente de superbes étalons aux longues oreilles, qu'il est impossible d'ajouter à l'effectif déjà existant, un cadre supplémentaire n'ayant pas été prévu.

Transports. — Le bataillon assure le service des transports au moyen de ses voitures et de ses animaux de trait.

Le service est d'une importance capitale en raison de l'éloignement du quai d'embarquement.

La Compagnie des Messageries maritimes n'a pas d'agent en Crète, probablement parce qu'elle n'y fait pas grand commerce. Les bateaux desservant l'île mouillent à la Sude devant l'arsenal.

Tous les jours, deux voitures vont chercher l'eau potable à 3 kilomètres de la Canée. La ville ne manque pas de fontaines, mais l'eau municipale est jugée malsaine et dangereuse. Il paraît que les microbes y pullulent et qu'elle est un excellent moyen de suicide. On dirait tout simplement que la Seine passe par là.

Service sanitaire. — Deux médecins sont attachés au bataillon. Le plus jeune, au moment de sa visite journalière, choisit parmi ses clients ceux qui lui paraissent le plus dignes de soins; il les envoie se reposer dans le cottage charmant bâti non loin de la Canée, sur le penchant d'une colline, au milieu de la verdure et des fleurs, et qu'on a baptisé infirmerie-hôpital. Cet établissement a acquis une telle réputation que de nombreux indigènes, des femmes turques même — heureux docteurs! — y vont par groupes faire soigner leurs bobos, aux frais du gouvernement français.

Solde. — Une indemnité spéciale est accordée aux militaires du corps d'occupation. Elle a été jugée indispensable par toutes les puissances; les Italiens ont la même indemnité que les Français; les Russes sont plus riches.

Cette indemnité varie avec le grade; ci-dessous le tableau :

Colonel ou lieutenant-colonel...	300 fr. par mois.
Chef de bataillon..............	265 —
Capitaine après huit ans........	160 —
Capitaine après cinq ans........	170 —
Capitaine avant cinq ans........	150 —
Lieutenant de 1re classe........	180 —
Lieutenant de 2e classe.........	175 —
Sous-lieutenant................	190 —

Logements. — La ville de la Canée végète dans ses murailles bastionnées, qu'elle a réussi à grand'peine à percer en deux ou trois endroits; ses faubourgs seuls peuvent s'étendre en dehors de l'enceinte.

Les constructions neuves s'alignent, dans leur blancheur immaculée, sur les routes de la Sude et du village d'Halépa.

Elles semblent naître du sol et pousser à la hâte; mais, pareilles aux fruits précoces trop vite mûris, elles ont plus d'apparence que d'agrément, plus de façade que de fini.

Les officiers français habitent généralement Halépa; quelques célibataires, attirés par la ville, essaient de temps en temps un quartier ou une rue de la cité. Ils y trouvent des maisons turques aux fenêtres grillagées et aux étages supérieurs en planches; à l'intérieur les boiseries sont vierges de peinture et de vernis.

Les vieux Turcs répugnent à se servir d'un pinceau

pour appliquer une couleur; ils craignent que cet instrument ne soit fait avec des soies, car le Coran considère le porc comme un animal immonde. Les boiseries ainsi négligées se conservent mal, l'humidité les moisit, les tarets les percent en mille endroits. Une odeur de vieux bois pourri vous incommode dès que vous êtes entré.

Dans les faubourgs, les maisons neuves sont plus propres et plus confortables; chacune d'elles possède généralement un jardin où courent des treilles et fleurissent des orangers; elles sont bâties à l'orientale avec des galeries et des terrasses et se défendent mal contre la pluie et le vent. Elles n'ont qu'une seule cheminée, celle de la cuisine. Impossible, l'hiver, de faire cercle « autour du sarment qui pétille ».

Les Orientaux ne connaissent pas nos longues veillées, sous le manteau de la cheminée, où sont éclos, à la grande joie des enfants, les *Contes de ma mère l'Oie*; c'est au harem seulement qu'ils se complaisent; c'est là que sont nés les *Contes des Mille et une Nuits*. Les enfants ignorent que le bonhomme Noël descend une fois l'an par le tuyau de la cheminée, les mains pleines de jouets et de cadeaux, et qu'il remplit les souliers et les sabots de ceux qui ont été bien sages.

Le loyer est payable d'avance; le propriétaire respecte scrupuleusement cette clause et ne se met jamais en retard. S'agit-il, au contraire, d'une réparation à faire à l'immeuble, le locataire a bien des chances d'attendre longtemps; on ne le comprend plus.

Mais voici l'époque de la relève; changement de conduite du propriétaire. Il devient poli jusqu'à l'obséquiosité; il se confond en témoignages de reconnaissance, en marques de sympathie; il demande même à son locataire une de ses photographies en souvenir.

Cet excès d'attentions et d'égards cache un but intéressé; notre homme se fait de la réclame. « Si Monsieur l'Officier veut bien recommander ma maison à un camarade en quête d'un logement, je lui en serai mille fois reconnaissant, parole d'honneur ! »

Sur vos recommandations, un successeur se présente; on lui fait votre éloge, on lui prodigue les démonstrations amicales; mais, s'il n'y prend garde, le loyer se trouvera augmenté d'un louis par mois.

Une maison avec jardin se loue de 700 à 1.000 francs par an.

Italiens.

Pendant un an, de février 1897 à mars 1898, l'Italie eut la prépondérance en Crète.

L'amiral Canevaro présidait le conseil des amiraux; le corps d'occupation italien était le plus nombreux et un officier supérieur de même nationalité remplissait les fonctions de commandant militaire international de la Canée.

Les Italiens retrouvent ici l'écho d'un glorieux passé; ils y sentent l'âme de la poétique Venise dont les galères se balancèrent pendant cinq siècles dans les eaux crétoises (1). Après deux cent cinquante ans d'occupation turque, nombreux sont encore les monuments qui évoquent la grandeur et la gloire de la vieille République des doges.

Les voiliers italiens n'ont pas désappris le chemin de cette sœur de la Sicile et leur flottille emplit, les jours de fête, le petit port de la Canée.

Un service très régulier de paquebots de la *Naviga-*

(1) Le marquis de Montferrat, à qui était échue la Crète pendant les Croisades, céda cette île aux Vénitiens en 1204. La Crète fut conquise par les Turcs de 1645 à 1669. Le siège de Candie, que les Vénitiens soutinrent pendant vingt-neuf ans contre toutes les forces de l'empire ottoman, est un des plus mémorables de l'histoire moderne.

zione generale (Florio e Rubattino) relie la Canée à Catane. C'est par cette voie que parvient la plus grande partie de la correspondance de l'Europe occidentale.

Les Italiens ont en Crète un bataillon d'infanterie commandé par un lieutenant-colonel et un cadre d'officiers et sous-officiers affecté à la gendarmerie crétoise :

Le bataillon appartient au 6e régiment d'infanterie, actuellement en garnison à Chieti (1). La relève a lieu tous les deux ans.

Le détachement italien loge en entier dans une ancienne caserne turque assez confortable qui s'élève à l'entrée de la ville, sur le bord de la route de la Sude.

La caserne touche au terrain de manœuvres et au jardin public. Elle est là, comme une sentinelle aux portes de la ville, sentinelle vigilante dont on entend les appels matin et soir, quand elle hisse et amène sa « bandiera » (2), lorsque passent le Haut-Commissaire et le colonel commandant supérieur ou que le chef de corps entre au quartier.

Un officier est toujours présent; c'est le lieutenant de piquet qui remplit les fonctions dévolues, dans nos règlements, à l'adjudant-major de semaine et aux officiers de distribution des vivres. Il ne peut s'absenter, même pour prendre ses repas; une chambrée meublée est mise à sa disposition.

Il reçoit les visiteurs, leur fait les honneurs de la mai-

---

(1) Le 6e régiment est le plus ancien et l'un des plus glorieux de l'infanterie italienne. Il fait partie de la brigade d'Aoste.

Ce fut le roi Victor-Amédée III qui, en 1775, baptisa le 1er régiment de fusiliers du nom de régiment d'Aoste et lui donna comme colonel son fils Victor-Amédée, duc d'Aoste. Le 6e d'infanterie a pris part aux batailles de Staffarde, de Mortara, de Novare, de la Tchernaïa, de Magenta, de San-Martino, de Custozza, de Dogali (Erythrée), etc. Son drapeau est décoré de la médaille d'or « A la Valeur militaire ».

(2) *Bandiera*, drapeau.

son et, à 10 heures du soir, ferme les portes de la caserne et va se coucher.

Le soldat italien est poli; il ne parle aux officiers qu'à la troisième personne et les appelle : « Monsieur le capitaine, Monsieur le colonel. »

Son salut ressemble à un mouvement d'arme, il est brusque et saccadé. La main droite se porte à la visière ou aux bords du couvre-chef, devant l'œil droit, le bras ployé, le coude à hauteur de l'épaule, la paume de la main tournée vers le sol, les doigts allongés et joints, l'extrémité du pouce touchant le bord de la visière. La main retombe dans le rang avec vivacité. En saluant, le soldat tourne la tête vers le supérieur et le fixe dans les yeux avec un « regard martial »; lorsqu'il est en marche, il immobilise le bras gauche sur la couture du pantalon.

Tous ses devoirs sont réunis dans le serment qu'il prête solennellement en entrant dans l'armée : « Je jure d'être fidèle au Roi et à ses successeurs royaux, d'observer loyalement la Constitution et les autres lois de l'Etat et de remplir tous les devoirs de ma profession dans l'unique but du bien inséparable du Roi et de la Patrie. »

Depuis que les deux grandes sœurs latines se sont réconciliées, leurs soldats fraternisent volontiers. Un nuage passager troubla légèrement au début cette amitié renaissante :

> Deux coqs vivaient en paix; une poule survint,
> Et voilà la guerre allumée!...

Une bagarre dans un café-concert provoqua quelques désordres, aussi vite réprimés qu'oubliés. La réconciliation solennelle se fit sur le terrain de manœuvres; depuis elle a été souvent cimentée, à nouveau, verre en main.

Au 14 Juillet, nos sous-officiers et soldats se souviennent que l'Etat, si avare de ses deniers, se montre généreux pour une fois; l'indemnité qu'il leur accorde, ils la considèrent comme frais de représentation. Donc, ce jour-là, chaque escouade a ses invités; une délégation va au-devant des camarades italiens et l'on fait fête à ses hôtes d'une après-midi.

Les capitaines n'hésitent pas à ébrécher sérieusement leur boni; le cuisinier se surpasse, le service est irréprochable. Les Français crient « Vive l'Italie! »; les Italiens, « *Viva la Francia!* » et le banquet prend fin aux cris de « Vive la classe! »

L'invitation est rendue avec non moins d'empressement et d'amabilité par les Italiens le jour de l'anniversaire *dello statuto* (constitution).

Les relations entre officiers italiens et français sont très courtoises.

Nous sommes liés à nos voisins du Midi par une certaine affinité de civilisation et de race. Ces Méridionaux bons enfants n'échappent peut-être pas à la tendance nationale, au goût du pimpant et du panache, que nous trouvons aujourd'hui démodé, à tort ou à raison; peut-être, en notre pays où les plumets, les broderies, les galons et les décorations désertent peu à peu les tenues militaires pour rehausser le prestige des fonctionnaires civils, peut-être trouverons-nous un peu suranné le règlement italien qui impose de larges épaulettes scintillantes, des écharpes de soie bleue flottantes, des plumets verts ou rouges, des pantalons gris perle avec des bandes d'écarlate et des habits à la française; peut-être verrons-nous dans la manière dont certains officiers s'enveloppent de leur grande pèlerine, rejetée sur les épaules, une réminiscence des héros de cape et d'épée des siècles passés, d'un Fra-Diavolo ou d'un Cyrano de Bergerac.

Peut-être !... mais rappelons-nous le mot du poète : « La critique est aisée... »

Les officiers italiens se souviennent que nous avons été leurs compagnons d'armes de la première heure; que le premier roi d'Italie a été baptisé, par nos loustics, caporal de zouaves et que naguère leurs souverains ont été acclamés à Paris.

Très expansifs et très exubérants, ils s'estiment trop heureux de pouvoir rendre service à leurs camarades des autres détachements et ils savent conserver une inaltérable gratitude à qui les a obligés.

Des amitiés s'ébauchent là-bas, des sympathies naissent et s'affermissent; on se coudoie, on se retrouve en mille occasions, en visite, à la musique, aux réceptions, aux fêtes.

Les célibataires même, disons-le tout bas, se rencontrent parfois, nez à nez, dans leurs travaux d'approche autour de quelque position plus facile à enlever que la forteresse de Port-Arthur.

Les officiers du 4e bataillon du 122e régiment d'infanterie ont gardé le meilleur souvenir du lieutenant-colonel Gambara, qui commandait le détachement italien en 1903-1904 et qui fut nommé, quelque temps avant la relève, à la fois colonel du 32e et officier dans notre ordre national de la Légion d'honneur.

C'était un ami à nous tous, un ami sincère de notre pays et un fervent admirateur de notre armée. Chez lui et chez ses officiers, la mémoire du cœur a survécu à la séparation et la frontière n'est point un obstacle à un échange fréquent de sympathies entre ceux que le hasard réunit deux ans au pays de l'antique Minos.

Les Russes.

Au moment du règlement de la question crétoise, l'attitude de la Russie causa quelque déception parmi les chrétiens de l'île. Le Tzar n'appuya que très vaguement les revendications des insurgés; les intérêts du Sultan paraissaient lui être plus chers que ceux de Georges Ier.

Depuis que, bon gré, mal gré, le Petit Père est devenu un des protecteurs, les Russes ont reconquis en grande partie la popularité dont ils jouissaient avant les événements de 1897.

La religion sert de trait d'union entre les deux peuples; l'argent russe est venu tout naturellement relever les chapelles et les églises, dédommager les couvents qui avaient souffert de l'insurrection.

Le prince Georges, cousin-germain de Nicolas II, ne cache point ses sentiments russophiles (1). Au commencement de la guerre russo-japonaise, il n'hésita pas à assister officiellement à un service religieux célébré dans la cathédrale de la Canée pour le succès des armes russes.

Le peuple crétois imite un peu l'exemple qui vient d'en haut; il n'est pas inaccessible à des questions de sentiment et d'intérêt. Convaincu que, dans l'avenir, Nicolas II pourrait être utile à Georges de Grèce et à son pays d'adoption, il profite des faveurs et de l'argent

(1) Le fils du roi de Grèce conserve dans son cabinet de travail un énorme bâton devenu historique. Pendant un voyage qu'il fit en Extrême-Orient avec Nicolas II, alors tzarevitch, ce dernier faillit être assassiné par un Japonais. Le meurtrier avait déjà porté un coup de sabre terrible sur le casque du futur empereur et se disposait à continuer lorsque le prince Georges, accourant au secours de son cousin, laissa tomber lourdement son gourdin sur la tête de l'assassin; sous la violence du coup, celui-ci s'affaissa comme une masse.

russe dont on ne lui demandera pas le remboursement.

Les officiers de l'armée impériale russe détachés en Crète, aussi bien que les officiers de marine de passage, perçoivent des soldes généralement élevées; la générosité leur est permise, ce dont profitent et abusent sans vergogne les indigènes. Il y a trois prix sur le marché : un prix pour les gens du pays, un deuxième pour les étrangers en général; le troisième est réservé aux Russes.

Ceux-ci payent sans marchander, avec notre argent, dit-on; mais que ce soit avec des louis ou des roubles, peu importe, le Crétois ne remonte pas à la source, il empoche et il est plein d'égards et de prévenances pour ses clients.

La Russie entretient en Crète un bataillon sous le commandement supérieur d'un colonel. Un lieutenant-colonel, de nombreux capitaines et lieutenants, plusieurs médecins encadrent les quatre compagnies du bataillon dont une est détachée à la Canée.

Cette compagnie, à l'effectif de 150 hommes environ, est commandée par un capitaine en premier qui dispose, pour les besoins du service, de deux capitaines en second et d'un lieutenant. Un médecin du grade de lieutenant-colonel est chargé du service sanitaire; une religieuse orthodoxe est affectée à l'infirmerie; le pope du détachement est à Rethymo.

La difficulté de se comprendre entre amis et alliés rend les relations franco-russes quelque peu laborieuses. Les officiers français connaissent tout au plus quatre ou cinq mots en russe : *Niet, et Bodjé Tzara krani;* les officiers de Sa Majesté le Tzar, quand ils arrivent en Crète, ne possèdent pas, de leur côté, un bagage beaucoup plus riche; de sorte que, malgré l'entente entre les deux pays, on ne s'entend guère pendant de longs mois.

Les soldats, eux, n'ont pas besoin de grandes études pour se parler et fraterniser. Ils se composent un langage imagé, formé d'expressions françaises, italiennes, grecques, turques et de quelques mots de patois; des gestes et des signes complètent cet Esperanto nouveau genre.

Les jours des fêtes nationales (14 Juillet, Saint-Nicolas), des banquets s'organisent; on s'invite, on se reçoit, on boit à l'envi à l'alliance des deux pays et, dans ce combat pacifique, ce ne sont pas généralement les Français qui sont vainqueurs.

Les soldats russes qui rentrèrent à Odessa en 1903 se souviendront longtemps, s'ils ne sont pas tombés aux plaines de Mandchourie, des témoignages d'amitié et de sympathie dont les Français accompagnèrent leur départ.

Le colonel commandant supérieur avait adressé aux troupes du corps d'occupation les ordres suivants :

« ORDRE INTERNATIONAL N° 24

» Le détachement russe qui est relevé quittera la Canée le lundi 8 juin, à 6 heures du soir. La musique de la gendarmerie crétoise, des détachements de la gendarmerie crétoise, des bataillons français et italien avec tambours et clairons et drapeaux seront rendus à la caserne russe à 5 h. 30 du soir. La compagnie russe nouvellement arrivée prendra les armes. A l'arrivée de M. le consul général de Russie et du colonel commandant supérieur, la musique jouera l'hymne russe.

» Les troupes seront passées en revue et, immédiatement après, aura lieu le départ pour la Sude.

» A la sortie de la ville, la colonne s'arrêtera, présentera les armes et les tambours et clairons battront et sonneront aux champs pendant que la compagnie russe qui part défilera devant le front des détachements.

MM. les officiers sont priés de se rendre à la caserne russe pour assister au départ. »

« ORDRE INTERNATIONAL N° 25

» La compagnie russe qui tenait garnison à la Canée étant relevée et devant s'embarquer le 8 juin, le colonel commandant supérieur ne veut pas laisser partir cette troupe d'élite sans lui exprimer les plus vifs regrets qu'il éprouve en se séparant d'elle.

» Il remercie M. le capitaine Dadykine, commandant la compagnie, du concours intelligent et dévoué qu'il lui a prêté en toutes circonstances et il est heureux d'affirmer que les militaires placés sous ses ordres ont toujours fait preuve des plus brillantes qualités : il l'en félicite personnellement ainsi que ses officiers et hommes de troupe.

» Interprète des sentiments de tous les militaires du corps d'occupation, il adresse aux partants ses souhaits de bon voyage et il forme ses vœux les plus sincères pour leur avenir. »

Les soldats français s'étaient groupés à la sortie de la ville : dès que le détachement russe parut, il fut salué par d'unanimes ovations et les cris répétés de « Vive la Russie ! » Les mains se tendaient et s'empoignaient, on se disait avec émotion au revoir ou adieu; on s'en allait le long de la route, causant comme des amis chers que la séparation va attrister.

Cette manifestation qui accompagna les Russes au loin fut aussi sincère que spontanée et nos alliés durent en emporter une profonde impression.

Naguère, dans certains régiments français, on a essayé d'introduire et de réglementer les chants militaires et chansons de route. La tentative a-t-elle eu d'heureux résultats? C'est possible. Les Russes sont en avance sur nous à ce point de vue. Chaque compagnie, chaque détachement a ses chanteurs.

Lorsque, au retour de l'exercice, une compagnie rentre en ville, elle semble manifester sa joie par ses chants; mais nulle note discordante dans le nombre, c'est un ensemble discipliné. En tête, le capitaine à pied; derrière, les hommes par files de huit, avec la casquette blanche et le pantalon noir dans les bottes; sur les flancs, les autres officiers et les sous-officiers. Le pas de parade est lentement cadencé et marque le rythme; le chœur de ces cent voix jeunes et mâles a quelque chose d'impressionnant; un sifflet indique les reprises et accompagne le ténor de la troupe qui module et dont tout le monde reprend ensuite la phrase...

C'est ainsi qu'ils s'en vont le long des routes, les soldats de la « Sainte Russie ». Insouciants, croyants et convaincus, ils laissent deviner, dès le temps de paix, les qualités dont ils feront preuve sur les champs de bataille.

Où sont-ils maintenant, ces camarades du 2e bataillon du 58e d'infanterie qu'un ukase dirigea, en août 1904, vers les rives lointaines de la rivière Chahé, aux portes de Moukden?

Ont-ils reçu le baptême du feu et payé tribut à la grande Moissonneuse?... Les plus vaillants dorment peut-être leur dernier sommeil dans ces tombes lugubres, dans ces champs horriblement semés de cadavres dont les correspondants de guerre nous envoyaient naguère l'image désolée!...

Les Anglais.

Fidèles à leur principe du « splendide isolement », les Anglais n'ont pas eu de repos avant de s'être débarrassés du bataillon italien qui occupait Candie avec eux.

Cette ville était la capitale musulmane de l'île. « Les Vénitiens avaient fait de cette place une forteresse imprenable; ils l'avaient entourée de remparts qui méritent encore l'admiration des voyageurs; ils l'avaient ornée de palais, de monuments et d'églises dont tels et tels subsistent encore comme de charmants mélanges d'Italie et de Levant, d'ogives et de coupoles. Le petit port encerclé de tours avait des cales de construction et des quais de débarquement. Les Turcs n'ont entretenu que les fortifications. Le port comblé ne reçoit que des barques (1). »

Les Anglais se sont installés à Candie, sur les remparts, dans les baraques *patended* venus d'Angleterre. Ces baraques, isolées les unes des autres, au grand air sur les bastions et confortablement installées, constituent des casernements très propres et très sains. D'une contenance variable, — quarante hommes au maximum peuvent s'y loger, — chacun de ces pavillons repose sur des supports qui élèvent le plancher à 50 centimètres du sol; le toit est en tuiles de Marseille, ou en tôle cannelée, parfois en feutre calfaté.

Des baraques particulières, à petits compartiments, sont réservés aux officiers mariés et au pasteur du bataillon. Les officiers célibataires se contentent d'un grand pavillon et s'en partagent les chambres.

Les officiers s'enferment très peu dans les appartements; à côté de leurs habitations, un grand pavillon leur sert de mess et de cercle. C'est là qu'ils passent la majeure partie de leurs loisirs, les heures que leur laissent libres l'exercice de leurs fonctions et la pratique des sports auxquels ils s'adonnent avec passion : chasse, tir, tennis, foot-ball, cricket, natation, pêche sont leurs

(1) Bérard.

passe-temps favoris; ils aiment moins l'équitation et paraissent dédaigner l'escrime et la boxe.

Ils entretiennent des relations très cordiales avec les officiers italiens qui commandent la compagnie de gendarmerie à Candie et, en général, sont pleins d'attention pour les officiers invités ou de passage.

Ils savent être courtois sans montrer une réserve excessive qui pourrait paraître de l'orgueil, et sans importuner leurs hôtes de ces innombrables démonstrations d'amitié qui déplaisent encore davantage.

Avec leur armée de métier, leurs recrues qui arrivent déjà instruites par les dépôts, des cadres inférieurs excellents, ils ne sont pas obligés de veiller continuellement aux petits détails de la vie et de l'instruction du soldat. Ils abandonnent aux sous-officiers le service intérieur.

Leur métier, ils le font surtout au dehors, sans bruit et ostentation : beaucoup de tirs, de marches, de manœuvres, peu d'ordre serré. Quand il fait chaud, ils envoient leurs hommes aux exercices, en manches de chemise, estimant avec raison qu'on peut être bon soldat, même en laissant la veste à la maison.

La troupe a ses jeux et ses divertissements tout comme les officiers; le foot-ball est surtout en honneur. L'hiver, un théâtre bat son plein; les officiers sont invités aux concerts; certains d'entre eux n'hésitent pas à paraître sur la scène.

Les sous-officiers et soldats ont aussi leur cercle; ils y trouvent des journaux, une bibliothèque, un buffet; la chapelle protestante est très fréquentée, beaucoup de soldats vont y chanter.

Les officiers anglais qui viennent à la Canée ne manquent jamais d'aller déposer eux-mêmes leur carte à notre cercle militaire.

En septembre 1898, la garnison anglaise de Candie

fut impuissante à empêcher les incendies et les massacres qui semèrent ruines et deuils dans la ville.

Un arrêté du commandant de la place avait prescrit aux autorités turques de remettre la caisse et les services de la douane à une délégation anglaise. C'était enlever le pain de la bouche aux bachi-bouzouks et aux braves fonctionnaires turcs que le Sultan oubliait de porter sur le budget ou à qui l'intendance négligeait d'envoyer la solde.

Les bachi-bouzouks mécontents, le saint nom du Prophète invoqué, consultèrent le Coran et y lurent que « l'ouverture faite par l'arme du croyant en pénétrant dans la poitrine de l'infidèle ouvre au fier défenseur du Coran la porte du paradis ».

Donc, pour ne pas mourir de faim et gagner le paradis, les musulmans eurent encore recours au pétrole et à la fusillade. Au jour fixé, à 2 heures du soir, pendant la sieste, sans inviter MM. les Anglais à tirer les premiers, les bachi-bouzouks firent pleuvoir une grêle de balles sur le camp et sur le poste de la douane. Les musulmans de la ville prirent les armes et traquèrent les orthodoxes.

En deux jours, plus de 500 chrétiens furent tués; l'Angleterre compta parmi les victimes son vice-consul, un officier et douze soldats.

Un peu tard, des renforts anglais arrivèrent : 500 hommes de Malte, 800 d'Egypte, 900 de la Rifle Brigade.

Des troupes de secours fournies par la garnison française et italienne de la Canée, des navires de guerre de la flotte internationale (1) accoururent à l'aide des Anglais.

---

(1) La *Camperdown*, l'*Astroca*, l'*Etruria*, le *Dossetz*, le *Vautour* et la *Morosini*.

Candie fut reprise, la populace désarmée et les meneurs fusillés.

Le bataillon qui tient actuellement garnison à Candie est détaché des troupes de Malte; il est commandé par un lieutenant-colonel et appartient au Kings Own Yorkshire Lighit Infanterie.

CHAPITRE V

LA GARNISON

La Canée est une ville privilégiée; à l'ombre de ses minarets, Italiens, Russes et Français se disputent le plaisir de monter la garde et de veiller à sa sécurité.

Après les émotions de 1896-1897, elle a longuement fêté sa délivrance et l'arrivée de ses protecteurs; mais aux effusions de la première heure a bientôt succédé l'indifférence.

La vie de famille nécessite de l'affection, de l'estime et une certaine communauté de sentiments et d'intérêts; une étroite union était impossible entre insulaires et étrangers. Chacun, de son côté, s'est retiré sous sa tente et le divorce est venu souligner la monotonie de son existence.

Douze à quatorze heures séparent la Crète du Pirée; un service assez régulier de bateaux unit la Canée au continent, et cependant, on se sent un peu isolé, un peu loin du monde. Les journaux, les revues et les livres en apportent bien les échos, mais tout cela met huit jours à arriver; les nouvelles qu'on soupçonne par les dépêches grecques parviennent déflorées, refroidies, presque dénuées d'intérêt. Ce qu'elles apprennent est trop vieux et trop loin. Les courriers déversent deux fois par semaine des tas de journaux dont la lecture devient indigeste. Et pourtant il faut voir l'empressement avec lequel on se précipite à la poste ou au cercle militaire dès qu'un paquebot est signalé. Si l'on est déçu, on en est quitte pour attendre. Et l'on attend! Et l'on essaie de lutter contre cet « ennui à fond de sommeil, ce spleen de l'Orient qui tombe d'un ciel monochrome toujours bleu ».

Oh ! que la vie est longue aux longs jours de l'été !

a dit Sainte-Beuve.

Le soleil accable la ville de sa lumière aveuglante; l'atmosphère est en feu, la mer miroite. Si l'on n'y prend garde, une torpeur lourde envahit peu à peu l'être tout entier, on s'affaisse lâchement, on fait la sieste !...

Cependant, quand on est jeune on veut réagir, on a besoin de mouvement, on a des forces à dépenser, on veut conserver la virilité et l'élasticité au physique aussi bien qu'au moral; on se refuse à l'abrutissante oisiveté des Orientaux.

On se souvient aussi qu'on n'est pas seul là-bas, qu'on a charge d'âmes et que le chef doit prêcher d'exemple. On s'ingénie à occuper ses hommes en les intéressant.

Les compagnies s'en vont à l'aube, dans la fraîcheur du matin, tantôt par les sentiers rocailleux de la montagne, tantôt le long du rivage aux falaises abruptes. Les exercices alternent avec les courses au clocher, les rallye-paper; on organise même, sur le terrain, des dînettes internationales.

A son retour au quartier, le soldat retrouve toute une série de livres et de jeux dus à la générosité des Sociétés de la Croix-Rouge et des Femmes de France (cricket, foot-ball, quilles, loto, etc.). Le chef n'hésite pas à puiser dans sa bourse pour l'entretien du théâtre militaire dont les représentations ont fait quelquefois accourir toute la colonie française de la Canée...

Mais lorsque, le service fini, on quitte le quartier, qu'on se dirige vers sa demeure, on ne se hâte pas de rentrer, on a peur de l'isolement (1).

---

(1) C'est un célibataire qui parle.

Ce repos que l'on désire, on le redoute en même temps; il ne détend pas les nerfs, il ne délasse pas tout à fait, pareil à ces boissons qui ne désaltèrent qu'à demi. C'est qu'on est un peu dépaysé, qu'on a été obligé de rompre avec de chères habitudes, avec une vie facile et qu'on s'agite dans une sorte d'équilibre instable.

Ailleurs, une tunique bien ajustée, une culotte de coupe irréprochable, un képi bahuté produisent souvent le meilleur effet et nous en connaissons parmi nos camarades qui leur doivent quelques bonnes fortunes.

La femme est un peu comme l'alouette : elle aime voltiger au-dessus de ce qui brille, elle adore les couleurs voyantes et se grise de l'uniforme.

Femmes et alouettes crétoises se ressemblent; celles-ci dédaignent le miroir, celles-là se rient des galons.

Comment se procurer quelques délassements à ses heures de loisir? Regardons autour de nous; il semble que les Crétois ne sont pas d'humeur chagrine et ne boudent pas aux divertissements; peut-être nous instruirons-nous à leur école.

Un de leurs premiers rois, Minos, était un joyeux fêtard qui ne s'ennuyait pas dans son palais de Gnossos; bien avant Horace, il pratiquait heureusement l'*utile dulci* que recommandait le voluptueux poète latin. Il réunissait ses ministres dans la salle de bains de ses femmes; les ébats gracieux de ses épouses déridaient tous les fronts et suggéraient au conseil les décisions les plus sages.

Les vieux Crétois à la barbe fleurie racontent volontiers que les Turcs, moins empressés que Minos à montrer leurs femmes nues à leurs amis, avaient trouvé un autre genre de divertissement tout aussi original. Ils se donnaient le plaisir de pendre de temps à autre quelques chrétiens.

On montrait naguère encore, sur les remparts de la

caserne Amiral-Pottier, un vieux mûrier touffu que la population avait baptisé « l'Arbre des Pendus » et aux branches duquel le bourreau turc hissait ses victimes.

Les temps ont changé : Minos n'est plus depuis trente siècles; les Turcs sont partis; le mûrier sinistre est tombé sous la hache!

Les Crétois sont moins difficiles aujourd'hui; ils font contre mauvaise fortune bon cœur.

Depuis qu'ils ont déposé leurs armes, les Turcs se contentent de vivre dans un *dolce farniente* et ne recherchent plus les émotions violentes.

Voyez-les plutôt assis devant un *cafeneion* (1), blancs, jaunes, chocolat ou noir d'ébène; ils sont là, plongés dans une demi-torpeur, « avec leurs faces camuses et adipeuses sous le fez, qui sans parler se regardent indéfiniment, inlassablement suivant les prescriptions de Mahomet, aspirant avec délices la fumée humide du narghileh (2) ».

Ce narghileh, ah! quel aimable compagnon! et comme est doux à l'oreille le ronflement monotone de son eau rafraîchissante!

Une cigarette, une pipe, c'est l'enfance de l'art, c'est à la portée de tout le monde. Les Orientaux sont plus difficiles; chacun d'eux possède son narghileh au café voisin. La collection en est curieuse dans tout établissement qui se respecte. Dix, vingt, quarante carafes, surmontés d'une armature en cuivre, voilent à demi leurs engageantes rondeurs sous les spirales étincelantes de longs tuyaux savamment et élégamment enroulés.

— « *Paidi, ena café vari glico k'ena narghileh* (3). »

Marchant à pas comptés, le bout du narghileh au bec,

(1) Café.
(2) *La Vie parisienne*, « En croisière. »
(3) « Garçon! un café sucré et un narghileh! »

le garçon vous apporte l'objet désiré, le dépose délicatement à vos pieds, et vous offre le bout du tuyau.

Un tabac spécial répand son odeur âcre; essuyez minutieusement le bout du celluloïd — les fumeurs « chics » ont un bout d'ambre dans leur poche — et appuyez vos lèvres à l'extrémité du tuyau; puis, aspirez consciencieusement, comme un enfant qui suce son pouce, et vous sentirez sur la langue et le palais la saveur plus ou moins agréable d'une fumée qui veut être purifiée et rafraîchie. Cette fumée procure, paraît-il, aux habitués d'exquises sensations de bien-être et de plénitude de vie; ses volutes déroulent devant leurs yeux des visions et des rêves où viennent se jouer les houris promises par Mahomet!...

Le narghileh a pour inséparable ami le café turc.

Ce café ne souffre pas la médiocrité : mal fait, il n'est pas buvable; absorbé trop tôt, il offre à boire et à manger; une goutte d'eau délicatement versée le clarifie promptement. Peut-être est-ce la raison de ce grand verre d'eau claire qui accompagne toujours la tasse de café turc.

Ce *potiri nero* (1) a-t-il fait l'objet de nombreuses discussions!

Faut-il le boire avant le café, en même temps, ou après? La meilleure solution consiste généralement à en jeter le contenu par-dessus son épaule.

Joignez au narghileh et au café turc la danse crétoise, aux sons aigres et criards du tricorde, et vous aurez épuisé la coupe des plaisirs nationaux.

Le tricorde, ou violon crétois, est un affreux sabot à queue sur lequel on a tendu trois cordes.

Les musiciens du pays s'attellent à leur instrument avec la grâce de cuisiniers tailladant un jambon. Ils

(1) *Potiri nero*, verre d'eau.

accompagnent d'une espèce de plainte traînante leur éternel motif en ritournelle qui exaspère les oreilles délicates.

Homère, plus accommodant, prisait fort cette musique et prétendait que les Crétois de son temps « jouaient admirablement de la cithare et que la muse divine leur remplissait la poitrine de doux chants »! O Muse, où es-tu?

La danse crétoise, d'origine grecque, semble avoir donné naissance à notre farandole; elle rappelle les évolutions du chœur antique et peut s'exécuter avec dix, vingt, quarante personnes.

Pour conserver à cette danse son vrai caractère, les figurants doivent arborer le costume national.

Le conducteur s'arme d'un mouchoir dont il offre un bout à son voisin : à lui revient l'exécution de la plupart des figures : pirouettes, voltes, coups de talons, glissés, coupés, flexions du corps, etc.

Les consommateurs font cercle autour des danseurs; ils vont là comme nous allons à une centième de la *Mascotte* et trouvent au spectacle un intérêt toujours nouveau.

Les cafés ont un caractère essentiellement démocratique; les consommations ne sont peut-être pas de première marque, mais les pauvres hères peuvent y goûter.

Contrairement à une de nos vieilles habitudes irraisonnées, c'est le patron qui donne le pourboire au client : cela paraît logique, car du vendeur et de l'acheteur, c'est au premier à offrir la prime au second.

Donc les limonadiers crétois font preuve de générosité; un excellent café coûte un sou, le meilleur des narghileh deux sous. Demandez-leur un apéritif; on vous servira un goûter, soit : un verre de mastic, de la salade, du poisson fumé, du fromage et un grand verre d'eau; tout cela pour 5... centimes.

« Singulier apéritif, direz-vous en faisant la grimace ; avaler du mastic, fi, quelle horreur ! »

Rassurez-vous ; les Crétois ne poussent pas le mauvais goût jusqu'à s'ingurgiter cette composition d'huile et de blanc d'Espagne dont se servent les vitriers pour fixer les carreaux; leur mastic, c'est le pernod national, une liqueur parfumée (oh combien !) récoltée à Chio et provenant d'une espèce de résine qui coule goutte à goutte de la feuille du lentisque. Seulement il faut des palais spéciaux pour goûter et priser ce produit oriental; chaque gorgée doit être longuement dégustée et savourée séparément : d'où nécessité de se laver fréquemment la bouche et d'en chasser la saveur du mastic au moyen de fromage et de poisson fumé.

Les cafés-concerts prétendent offrir quelques distractions aux étrangers de passage; quatre ou cinq de ces établissements se disputent les rares clients qu'un bon vent leur amène.

Les ruines et les faillites ne découragent pas les entrepreneurs; dès que l'un dépose son tablier, un autre le reprend et tente l'aventure quelques centaines de pas plus loin.

Le *London*, à l'entrée de la ville, possède un nombreux orchestre agréablement composé; le *Moscou*, moins farouche, prodigue aux amateurs la danse du ventre et exhibe toutes les semaines de nouvelles étoiles trop faciles à suivre.

Les *Variétés* ajoutent, tous les trois mois, une attraction nouvelle à leur programme; l'inévitable orchestre, pilier de l'édifice, alterne avec des chanteuses, des équilibristes, des danseuses, des comédiens, des prestidigitateurs... Pickmann lui-même n'y serait pas déplacé.

Les jolies femmes y sont assez rares et elles chantent toutes admirablement faux. Mais qu'importe ! Elles ne sont pas là pour évoquer la belle Otero; et les Françaises (1) qui viennent échouer sur ce tréteau, qui n'a rien de Tabarin, ne désirent pas faire concurrence aux artistes du Moulin-Rouge ou des Folies-Bergère. Plus modestes, elles se contentent de quelques couplets un peu vieillots et s'en autorisent pour une petite quête.

La quête est obligatoire toutes les cinq minutes, de sorte que vous payez trois fois une soirée de café-concert : 1° par l'entrée; 2° par la quête; 3° par le prix élevé des consommations.

Les vestales de l'établissement vous guettent comme le chasseur épie sa proie; elles sont engageantes, provocantes et, si vous ne les invitez pas à votre table, elles ne tarderont pas à s'inviter elles-mêmes.

Vous leur offrez un rafraîchissement qu'elles acceptent avec empressement; vous constatez presque aussitôt que votre voisine a le gosier prodigieusement en pente et que la danse, le chant et le violon produisent, autour de vous, la même altération désastreuse pour les bourses des camarades en veine de galanterie.

Jugez-en par le tarif de quelques consommations des café-concerts :

Bière (d'origine inconnue)	:	1 fr. 20 la bouteille.
Cidre —	:	8 francs —
Champagne —	:	20 — —

Ces affreuses mixtures, dont le prix de revient doit probablement être égal à celui de la fabrication de la

(1) C'est aux Variétés qu'un dimanche soir quelqu'un retrouva Hortense, l'amie du Gascon : « Courte, un peu lourde, d'une chair azotée distendue par les siestes, la poitrine courageuse encore, ourlant clair le corsage de satin noir, une figure de cabotine entre deux âges, celluloïdée de crèmes préservatrices, les yeux avenants, les dents saines, c'est Madame Hortense, mérétrice modèle, pratiquante émérite, espoir de ceux qui arrivent, regret de ceux qui s'en vont!... » Ainsi nous la dépeint le sensuel Jean d'Hoc.

bouteille plus le prix de l'étiquette, sont doublement dangereuses; elles vident prématurément les poches et remplissent en même temps l'estomac de liquides douteux.

Serait-ce la raison pour laquelle on a traduit en toutes les langues, sur les murs des cafés-concerts, cette consolante inscription : « Rien de plus doux que la santé » ?

Les inspecteurs d'hygiène auraient certainement plus à faire dans ces établissements que les inspecteurs des mœurs; M. Bérenger pourrait assister, sans éventail, au spectacle le plus osé de l'endroit, la danse du ventre.

Les beautés orientales qui ne dédaignent pas ce genre de divertissements sont pudiques comme des vierges; elles consentent à être provocantes, quelquefois lascives; mais, quant à dévoiler un petit coin de leur personne, il ne faut pas l'espérer. Si Mahomet permet à chacun de ses croyants de contempler longuement son nombril, il a dû recommander cette distraction pour l'intimité.

Sur ce point, comme sur bien d'autres, le public des concerts se montre peu exigeant — peut-être parce qu'il n'y a pas d'abonnés — et il subit le spectacle sans récriminations.

Dans un coin de la scène prennent place deux musiciens arabes; l'un gratte sa cithare en poussant de temps à autre un cri guttural et l'autre frappe sur un tambour basque. Sur le devant, la danseuse. « Une veste bleue brodée d'argent lui moule la taille; une jupe pailletée et miroitante lui couvre à peine les genoux et laisse apercevoir la jambe qui manque de finesse; des babouches également brodées chaussent des pieds menus. Au rythme de la cithare que scandent les cris et les coups sourds du tambour, la danseuse commence son pas savant. Les pieds esquissent sur le plancher toutes sortes d'arabesques, tandis que le corps se renverse en arrière avec des attitudes lasses et que les yeux mourants ont l'air de poursuivre je ne sais quel rêve intérieur. Puis le mouvement s'accentue, les mains élevées au-dessus de la tête font tournoyer deux foulards de soie qui retombent ensuite le long du corps en décrivant une spirale voluptueuse, les doigts ébauchent un effleurement imaginaire et la taille, flexible comme une liane, exécute une rotation lente et lascive, scandée à chaque pas par un déhanchement brusque. Ce déhanchement est le *nec plus ultra.* »

Les célibataires pénètrent quelquefois par curiosité dans ces établissements que la réclame transforme en théâtre d'été, salon-terrasse, concert de premier ordre, etc.

Ils se réunissent plus volontiers au cercle militaire français.

Cette vieille résidence des gouverneurs turcs, que la générosité ministérielle dota d'un ameublement de circonstance, est un refuge précieux aux heures d'ennui. Les crédits ont manqué pour une installations plus luxueuse.

La façade a changé maintes fois de couleur; les morsures des éléments, suivant qu'elles sont plus ou moins profondes, y accrochent des teintes diverses et la bariolent des couleurs de l'arc-en-ciel.

A l'intérieur, une profusion de ciment, de plâtre et de peinture essaie tous les ans d'en réparer les défaillances et d'en maquiller la vieillesse.

Mai la pluie se rit des efforts qu'on fait pour l'empêcher d'entrer; elle patiente, puis un beau jour elle s'invite et l'indiscrète s'installe là comme chez elle. Le soleil d'été ou un tremblement de terre lui ont ouvert une porte; elle l'agrandit et un coin de la terrasse descend, quand on s'y attend le moins, dans la salle de consommation.

Sur la terre étrangère, le cercle apparaît comme un petit coin de France; on s'y trouve chez soi; on n'y est pas obsédé par ces inévitables photographies du Haut-Commissaire qui font le plus bel ornement de tout magasin et café aussi bien que de chaque habitation particulière.

Seul établissement de ce genre à la Canée, s'il occasionne à ses membres (officiers et fonctionnaires) quelques dépenses supplémentaires, personne ne les regrette.

Les portes en sont largement ouvertes aux officiers de passage qui reçoivent, dès leur arrivée, une carte d'invitation.

Apéritifs d'honneur, punchs d'adieu, grands bals, déversent dans ses salons des flots d'invités de toutes les nationalités, de toutes les armées, de tous les grades... On y parle russe, anglais, italien, grec; on y boit le champagne français, ce « champagne parfumé du beau pays de France » dont une cuvée est toujours réservée au corps d'occupation par Courtier-Bertèche.

L'armée française, le Président Loubet, notre « chère République », pour emprunter l'expression d'un fonctionnaire étranger, ne se doutent guère de la quantité de toasts qui leur ont été portés et du nombre de coupes qu'on a vidées en leur honneur.

La bibliothèque du détachement est déposée dans une des salles du cercle; les fonds de sa caisse doivent suffire à payer les nombreux abonnements aux journaux et revues et les achats des ouvrages nouveaux. Une sage économie n'arrive pas toujours à joindre les deux bouts et l'on a beau confier la gestion de cette masse à l'officier comptable du bataillon, le budget a bien du mal à se tenir en équilibre.

Ah! dame! les membres ne sont pas nombreux et il faut entretenir un immense local de six à sept pièces, un mobilier pour lequel on n'a que des égards relatifs, et renouveler les quotidiens et les hebdomadaires de la salle de lecture. Cela ne va pas tout seul; heureusement le cahier de réclamations est là et les mécontents peuvent toujours y exhaler leur bile en attendant satisfaction.

Le cercle international réunit officiers, consuls et fonctionnaires; il ne date que de l'occupation et les statuts font une obligation de le maintenir au faubourg d'Halépa.

Il vient de faire un pas vers la Canée; mais, fatigué de son effort, il s'est arrêté à l'extrémité du pont d'Halépa.

Situé à environ 2 kilomètres de la ville, le cercle à l'avantage de maintenir dans un état permanent d'entraînement les membres habitant la Canée qui le fréquentent par tous les temps, avantage que les règlements trop modestes ne font pas ressortir.

Certains soirs, les salons du cercle, si jalousement clos aux profanes en temps normal, s'ouvrent aux familles des sociétaires et à leurs invités pour quelque concert de bienfaisance ou une audition musicale.

On fait appel aux bonnes volontés pour organiser un orchestre; parfois, c'est une délicieuse fantaisie de chants d'oiseaux, qu'exécutent des musiciens d'occasion : l'un imite la caille, un autre la perdrix, un troisième le rossignol, un quatrième le coucou; un cinquième tourne la crécelle, un drogman frappe sur une peau d'âne pour en avoir du son, un consul ne dédaigne pas la baguette de chef d'orchestre... et les auditeurs applaudissent. A remarquer que la caille italienne, la perdrix anglaise, le rossignol allemand et le coucou russe chantent ou roucoulent comme leurs congénères français; il y aurait peut-être là une indication sérieuse pour la création d'une langue universelle.

Après les concerts, les agapes officielles. Un jour il plaît à un haut fonctionaire, membre du cercle, de faire ses malles et d'aller chercher fortune ailleurs. Un dîner d'adieu lui est dû; mais, sur cette terre classique des antiques légendes, une réminiscence des repas homériques s'impose immédiatement à l'esprit : pas de repas officiel où les convives froids et guindés touchent à peine aux mets et parlent du bout des lèvres; en revanche, de la gaieté, des fleurs et de la musique. Le bon vin est l'âme d'un bon repas comme la musique est un agréable hors-d'œuvre. Orphée et Amphion ne sont plus là pour charmer les convives par leurs chants et les accords de leur lyre; il reste le Tasse (1) et l'orchestre du jardin.

Un membre du comité est délégué au kapelmeister.

« Combien nous prendrez-vous, herr Jesous Christous (2), pour nous déverser des flots d'harmonie samedi soir, de 8 à 10 heures?

— Trois napoléons, Monsieur, parole d'honneur! pas un sou de moins.

— Vous voulez rire, je ne demande pas le prix de vos instruments.

— Nos violons sont des stradivarius.

— Qui n'a pas aujourd'hui son stradivarius?... Tenez, divisons par deux votre chiffre.

— Trente francs, Monsieur, *ochi* (3); la belle musique ne se marchande pas.

---

(1) Le Tasse, musicien crétois d'origine italienne, grécophobe et francophile.

(2) Jesous Christous, chef d'orchestre autrichien, ayant une belle tête de Christ.

(3) *Ochi*, en grec : Non.

— Alors, tant pis, kapelmeister, nous nous arrangerons ailleurs. »

Inutile d'ajouter que les violons sont là au jour et à l'heure dite — oh, c'est bien pour vous, Monsieur, sinon à ce prix!...

Le cercle international facilite les relations entre les fonctionnaires européens; s'il permet d'élargir le cercle des gens que l'on salue, il oblige aussi à des visites dont la baronne de Staff n'a sûrement pas réglé le protocole.

A son jour, madame reçoit entre son mari et son enfant. Toute la petite famille vous fait le meilleur accueil. Bébé vous apporte son tambour ou son fusil, se coiffe de votre couvre-chef et transforme votre sabre en « dada ». Monsieur est prêt à vous verser à boire; impossible d'éviter sa politesse.

Un de nos compatriotes, en visite chez une dame russe, se voit offrir par le mari empressé un grand verre d'une boisson brune :

« C'est peut-être une liqueur de votre pays, demande-t-il estomaqué.

— Mais non, Monsieur, je n'offre à mes amis français que des produits français; voici la bouteille, constatez : c'est du Picon de première marque! »

Je vous laisse deviner la grimace de l'infortuné visiteur : il ne buvait que de l'eau!

D'autres fois la réception touche au comique.

Deux jeunes officiers, tirés à quatre épingles et flamboyants dans une tenue neuve, gants impeccables, bottines vernies, taille bien prise, moustaches retroussées, s'en vont frapper à la porte d'un fonctionnaire étranger dont la dame, d'une grande beauté, reçoit ce jour-là.

Introduits d'abord dans un salon et laissés seuls, ils ont tout le loisir d'admirer les tableaux, les estampes, les bronzes, les objets d'art; la bibliothèque elle-même est passée en revue. Au bout d'un quart d'heure, le salon n'a plus de secrets pour eux. Ils décident alors que leur première visite a assez duré et qu'il serait malséant de la prolonger; ils se font donc un devoir de déposer leur carte bien en vue sur un guéridon, tirent une profonde et respectueuse révérence au portrait de la maîtresse de maison et se disposent à sortir.

A la porte, ils se heurtent au mari qui les accueille de son plus gracieux sourire et d'un geste leur offre un fauteuil... et des cigarettes.

Nos deux jeunes gens s'asseoient, allument leur cigarette, lancent consciencieusement quelques bouffées de fumée et essaient d'entamer la conversation. Ils s'informent de la santé de leur hôte; celui-ci s'incline, découvre largement ses larges dents blanches, cherche une repartie et après un effort sérieux répond aimablement :

« Par exemple.

— Madame se porte bien?

— Par exemple.

— La saison n'est pas très favorable pour les personnes délicates.

— Par exemple.

— On ne connaît le prix de la santé que lorsqu'on est malade.

— Par exemple.

— Vous avez un jardin magnifique.

— Par exemple.

— Avez-vous des nouvelles de la guerre?

— Par exemple.

. . . .

— Par exemple, si nous partions, propose l'un des visiteurs impatientés. »

Sitôt dit, sitôt fait.

L'hôte accompagne les jeunes gens jusqu'au bas des

escaliers, leur serre la main avec effusion et se confond en politesses et en gracieusetés dans un dernier : « Par exemple... au revoir. »

Les distractions mondaines, soirées, bals sont rares dans la colonie européenne; l'abstention vient d'en haut et chacun s'empresse d'imiter de Conrart le silence prudent et... économique.

Du côté des familles indigènes, peu d'empressement à nouer des relations avec les exotiques. Par politesse certains comités, la municipalité invitent parfois les consuls et les officiers à des bals de charité.

Mais ces soirées payantes sont et demeurent essentiellement crétoises.

Pour que les invités puissent danser, il faut d'abord que chaque cavalier vienne accompagné de sa danseuse; ensuite qu'il arrive de très bonne heure. Les Crétois n'aiment pas prêter leurs chastes moitiés et leurs innocentes progénitures; s'il vous arrive de demander une valse à une jeune beauté, elle vous répondra qu'elle est engagée jusqu'à la fin de la soirée.

Pensez donc ! on la montrerait du doigt si elle se laissait conter fleurette par un étranger.

Les Français surtout sont si compromettants ! Que n'ont-ils pas fait, vu et appris à Paris (1) ?

Il existe à la Canée une dizaine de familles qui se piquent d'avoir de l'éducation et qui ont pris goût à notre musique et à nos danses. Pour leur faire plaisir, les organisateurs de la soirée cèdent à leurs instances : valses, polkas, berlines ouvrent le feu; on danse comme dans les capitales ! On organise des quadrilles, un polo, un américain, et de temps à autre une voix de stentor

(1) Pour les Crétois, tout Français vient de Paris.

s'écrit : *Mpalanntsé botam,* ce qui signifie : Balancez vos dames.

Chassez le naturel, il revient au galop,

a dit Boileau. Bientôt les violons se taisent, le tricorde grince ; en avant la danse crétoise ! Quatre ou cinq chorégraphes s'agitent ; quelques invités forment la galerie ; les autres vont s'attabler au fond de la salle pour le souper. Jambon, sardines et olives font leur apparition ; les flacons se débouchent et versent de la bière, du vin et de la gaîté.

Les conversations bruyantes vont leur train; de-ci, delà un des nombreux ténors de la bande commence à traînasser sa chanson monotone; par intervalles un des plus vaillants quitte son verre et son assiette et va s'essayer à son tour dans l'arène. La beuverie et les chants continuent jusqu'à une heure avancée et, lorsque le Crétois satisfait quitte le bal, il est heureux de sa soirée, car il a bien mangé et bien bu.

Comme toute ville de garnison qui se respecte, la Canée a sa musique militaire. C'est encore le gendarme crétois qui est mis à contribution pour la circonstance.

Moyennant une légère prime, les musiciens ont été vite recrutés ; mais trouver un chef, voilà la difficulté ! On n'a pas pu découvrir, dans ce pays fécond autrefois en dieux et déesses, parmi les innombrables joueurs de tricorde, un pauvre petit Massenet ! Il a fallu faire appel à l'étranger et c'est un brigadier-trompette italien qui a doté les Crétois d'un hymne national, tout comme l'amiral Pottier leur avait composé un drapeau.

Dimanche et jeudi, quand il fait beau, musique au jardin. C'est l'heure délicieuse où les beautés grecques daignent se montrer aux humbles mortels ; toute la semaine, leurs pères et leurs maris les ont tenues consignées dans leurs appartements, ne leur permettant que de rares apparitions à leur fenêtre ou à leur balcon. Ces jours-là, elles se mettent en frais de toilette; elles sont au courant de la mode; des journaux illustrés leur ont apporté de Paris des modèles et des patrons. Le chapeau dernier cri ne leur est pas plus inconnu que le ruban favori de la saison; seulement, il s'agit de confectionner robes et couvre-chefs. Les modistes habiles sont rares en Crète; elles n'y feraient probablement pas fortune. Les jeunes filles et jeunes femmes en sont réduites à leur seul savoir-faire, et, en pareille matière, le proverbe « chacun son métier » n'est que trop vrai. La Crétoise n'a vu la Parisienne ni de près, ni de loin : elle ne peut donc l'imiter. Très coquette pourtant, elle adore la toilette et, quand elle est jolie, ne l'ignore nullement.

D'une beauté un peu sauvage, d'une grâce à la fois provocante et farouche, elle paraît étrangement mobile et capricieuse; elle a des yeux magnifiques, tantôt pétillants, tantôt langoureux, un teint mat, légèrement pâli et en général des cheveux furieusement noirs.

Elle ne serait pas femme si elle n'aimait pas arriver en retard; la musique joue de 5 h. 1/2 à 7 heures; les beautés crétoises arrivent à partir de 6 h. 1/2; souvent elles se montrent comme les carabiniers d'Offenbach.

Le square du jardin est un champ de bataille où elles vont affronter les regards aigus des rivales et s'imposer à l'admiration de leurs adorateurs.

Lorsqu'une d'elles paraît, les têtes se tournent, on la dévisage, on la déshabille, on la critique. Elle, fière et indifférente, traverse la foule, passe au milieu des tables et des chaises, répond d'un sourire aux coups de chapeaux qu'on lui prodigue et, satisfaite de son effet, va s'asseoir au milieu d'un groupe ami.

A l'ombre des platanes et des ormeaux, sous l'aile de

la brise parfumée, elle conte à une camarade ses petites aventures et ses gros secrets, ne prêtant qu'une oreille inattentive aux symphonies d'opéra ou d'opérette qu'elle n'aura pas la bonne fortune d'aller entendre ailleurs.

Peu de distractions lui sont permises : une promenade sur le quai, une visite, une heure à la musique, un pique-nique quelquefois.

Bien que les environs de la Canée ne soient pas des plus intéressants, quelques sites, une vallée, deux ou trois grottes, des sources, des couvents, des villages méritent une excursion; il est si facile d'ailleurs de trouver, quand on le veut, un prétexte pour aller déjeuner à la campagne. Une partie est-elle projetée ? Les amateurs de vitesse en sont pour leurs frais. Pas plus de trains que d'automobiles; quelques rares bicyclettes osent se hasarder sur une route de 7 kilomètres; quant aux voitures, elles ignorent les campagnes comme les campagnes les ignorent.

On s'en va frapper à la porte du prochain loueur de chevaux; dans son écurie, chevaux, ânes, mulets, moutons et chèvres fraternisent pêle-mêle.

En faisant votre choix, n'hésitez pas à dédaigner « la plus noble conquête de l'homme » que vous réserverez pour les courses longues et plus sérieuses; allez chercher dans le coin maître Aliboron qui vous regarde du coin de l'œil, en dévorant goulûment son avoine, et qui se fait tout petit pour passer inaperçu. Jarret solide, pied sûr, poil brillant, oreilles superbes, sont ses moindres qualités. Vous pouvez vous fier à lui.

La caravane se forme; de charmantes amazones, escortées par un Calicout qui leur sert de page, prennent fièrement les devants au trot menu de leurs gaillardes montures. Les baudets s'excitent, veulent se dépasser, se bousculent, font des écarts; déposent par-ci, par-là quelque cavalier ou... cavalière; le premier arrivé en tête, fier de son triomphe, chante bruyamment victoire; un autre vient qui le dépasse et pousse son cri de joie; et l'on trottine ainsi, à travers chemins et sentiers, par groupes amis, vers l'ombre et la fraîcheur de quelque bosquet d'orangers odoriférants ou de platanes verts et touffus.

Un déjeuner appétissant attend les convives; le cuisinier doit être un diplomate, car chacun des invités découvre dans le menu un vin ou un plat de son pays. L'Italien y trouve de la mortadelle; le Russe, du caviar; l'Anglais, du rosbif; l'Allemand, de la bière; le Crétois, du mouton à la pallikare; le Français..., du champagne naturellement. Le dessert voit éclore des brindes nombreux; les langues vont leur train.

Augustomoff, toujours loquacé, cause tactique avec Prève; Spataraki vante ses chaussures à Papadiamantopoulo; Markantonachi fait de la politique avec Korofilaki; Mme Paraskevoula se laisse conter fleurette par un pope; Vasco fume sa pipe et boit des bocks et, un peu à l'écart, Alexandraki prend un instantané.

On s'en revient, le soir, au clair de lune, un ménestrel en tête, chantant des sérénades à l'astre des nuits, tandis que les traînards s'attardent volontairement pour prolonger la fête trop tôt finie.

De tous les sports, il n'y a guère que la chasse et le tennis qui jouissent de quelque faveur en Crète.

La chasse réunit de nombreux suffrages. Le permis est à la portée de toutes les bourses; on le délivre à peu près gratuitement : c'est la meileure solution; car, si on le faisait payer, les Crétois n'en useraient pas et continueraient à chasser; alors il n'y aurait pas assez de gendarmes pour courir après les braconniers.

Avec leurs canardières à deux coups, leurs gibecières

rayées retenues à leur épaule par deux cordes, leurs bottes jaunes, leurs ceintures-cartouchières garnies, un mouchoir sombre autour de la tête, les Nemrods indigènes paraissent être des insurgés égarés dans la montagne à la dernière insurrection et qui auraient oublié de déposer les armes.

Ils chargent leurs fusils en versant dans le canon une poignée de poudre qu'ils tassent vigoureusement et autant de plomb qu'ils bourrent avec un morceau de journal. Malheur ensuite au *lagos* (1) qui débouchera de quelque buisson, ou au perdreau que le chien arrêtera; ils iront rejoindre dans le sac d'infortunés camarades.

Le lièvre, qui disparaît ailleurs, semble s'être retiré en Crète où il pullule; le lapin lui a cédé la place et il a émigré, affirme-t-on, dans l'île voisine de Grabousa; la *caprea asiatica*, variété de mouflon dont parlent certains auteurs, a dû mourir sans progéniture. En revanche, beaucoup de gibier à plume : l'alouette n'est pas rare autour de la Canée; le ramier a élu domicile à l'îlot de la Sude et dans l'antre de Jupiter, au mont Ida; la tourterelle roucoule parmi les oliviers; la perdrix rouge est fort commune dans la montagne.

Les chasseurs de la Canée ont un réservoir de gibier aux marais de la Sude. A peine trois ou quatre kilomètres à faire : une promenade agrémentée de quelques coups de fusil, rien de mieux. Ils chaussent leurs grandes bottes ferrées et en route !

Ils connaissent les endroits : ici, un coin où se tient toujours quelque bécasse; plus loin, un ajonc qui pourrait bien abriter un pluvier; ce fossé est fréquenté par les poules d'eau et les bécassines; là-bas, une mare que semblent affectionner les canards; il n'est pas jusqu'à

(1) *Lagos*, lièvre.

la plus petite touffe d'herbe qui ne cache peut-être un râle craintif. Et bravement l'apprenti chasseur, qu'émoustillent les exploits de ses aînés, rentre plein d'espoir dans le marais : coups de fusil à droite, coups de fusil à gauche; il va toujours; ni l'eau, ni la boue, ni les ronces n'arrêtent l'infatigable Nemrod. Et le soir, si la bonne fortune n'amène en son chemin un braconnier au carnier débordant, il a bien des chances de rentrer bredouille.

Aux amateurs de sport restent encore d'intéressantes excursions dans l'île; citons quelques sites à visiter :

Les grottes de Saint-Jean et de l'Ours dans les gorges sauvages de l'Achrotiri, à quatre heures de marche de la Canée; les fouilles de Gnossos, à deux heures de Candie, et celles de Phaestos sur la côte sud, qui ont permis de retrouver deux palais de Minos; les ruines de Gortyne (1), à deux jours de marche de Candie où l'on a découvert, gravées sur un mur, les lois antiques en vigueur dans le royaume de Crète, quinze siècles avant notre ère; les couvents de Prévéli, d'Asomatos, de Saint-Georges et d'Arcadi; l'autre de Jupiter, au pied du mont Ida, etc., etc.

En mettant le cap sur la Canée, emportons un fusil, une raquette, un kodak, un tub; les mélomanes n'oublieront pas leur violon ou leur piano; les peintres, leur palette et leurs pinceaux; les laborieux, leurs livres; faisons tous provision de bonne humeur et de franche gaieté, et la Crète, comme on dit sur la Cannebière, *digué li qué vengué!...*

(1) Afin de populariser les grands souvenirs dont elle s'enorgueillit, la Crète vient de reproduire, sur une série de timbres-poste, des documents empruntés à son archéologie et à son histoire quelque peu légendaire : c'est ainsi que les philatélistes ont pu s'enrichir d'une nouvelle collection de timbres crétois dont les vignettes reproduisent les monnaies de Gortyne, de Cydonie, une médaille d'Ariadne, les ruines du couvent d'Arcadie, du palais de Minos, etc.

CHAPITRE VI

CURIOSITÉS

Le touriste qui arrive à la Canée, plein de confiance en son guide de voyage, ne peut manquer d'éprouver de sérieuses désillusions.

Il s'est promis de visiter les monuments anciens et nouveaux que son Joanne lui signale; d'aller demander « au vieux château qui commande l'entrée du port » des souvenirs et des traces de ses luttes contre les pirates et les Turcs; de retrouver dans les cales de radoub quelques vestiges des galères vénitiennes; de découvrir dans certaines mosquées de la ville la pensée chrétienne qui les avait d'abord érigées en églises grecques et latines; d'admirer la chapelle de Saint-Roch trois fois séculaire; d'aller interroger enfin l'antique lion ailé de Saint-Marc qui, depuis quatre cents ans, se rit, du haut de la caserne Amiral-Pottier, des insurrections et des conquêtes.

Les Turcs ont passé là, le temps a frôlé de son aile les restes du passé et l'incendie est venu quelquefois terminer la besogne.

Le château qui commande l'entrée du port n'est qu'une vieille caponnière sans valeur dont on a transformé les casemates en prisons. Turcs et Grecs y sont en villégiature aux frais du gouvernement; certains condamnés à mort y attendent leur dernier matin depuis cinq et six ans; personne ne veut les exécuter : ils commencent à s'habituer à cette existence précaire, que la Parque est toujours prête à trancher, et espèrent bien mourir de vieillesse.

Le dessus de la caponnière ou plate-forme du château

a l'aspect menaçant avec ses larges embrasures à travers lesquelles on s'attend à voir la gueule de quelque canon. Rassurez-vous, les pièces d'artillerie démodées ont été remplacées par cinq drapeaux; c'est moins dangereux, moins coûteux à entretenir et l'effet moral produit est supérieur; cette brochette de pavillons protège plus sûrement la Canée que les bombardes turques qui ne partaient pas.

Le directeur de la prison et l'officier comptable du détachement français se partagent le commandement de ce fameux château, dont la moitié a été transformée en caserne; ils surveillent avec un soin jaloux, l'un ses pallikares, l'autre ses louis, et ne désirent nullement faire un échange. Selon toutes probabilités, le premier ne pourrait que gagner à la combinaison.

Les antiques cales de radoub, où les galères vénitiennes venaient panser leurs blessures, sont dédaignées par les navires crétois. Il est vrai que la marine marchande ne comprend qu'un vieux bateau réformé, l'*Enosis*, qui fait eau de toutes parts. Quant à la flotte de guerre, pour le commandement de laquelle le prince Georges a demandé un lieutenant de vaisseau à son grand-père Christian, elle a la même composition que la flotte suisse.

Les anciennes églises, qui ont été naturalisées musulmanes et transformées en mosquées, ne semblent pas se souvenir de leur origine. Le visiteur ne fera aucune différence entre elles et celles qui sont nées mahométanes; il faudra d'ailleurs qu'il ait de la constance s'il veut admirer les quinze banales mosquées que les Turcs ont éparpillées aux quatre coins de la ville.

La chapelle de Saint-Roch (1) *(Deo. O. M. e D. Rocco*

---

(1) Saint Roch était fort en honneur à Venise. En 1485, les Vénitiens, ne pouvant obtenir ses reliques et les voulant à tout,

dedicatum) n'attirerait guère l'attention des promeneurs si un poste de gendarmes n'y avait élu domicile. Les catholiques du XVIIe siècle ne semblent pas avoir été bien généreux envers notre compatriote, le saint montpelliérain, qui se voua au soulagement des pestiférés. Ils lui avaient bâti une petite chapelle que les Turcs ont voulu éclipser avec leur grande mosquée construite à côté, afin d'affirmer probablement la supériorité d'Allah et de Mahomet son prophète. Aujourd'hui saint Roch a émigré, le gendarme a remplacé le curé et ce prêtre d'un nouveau culte lève consciencieusement la main sur ses fidèles, non point tant pour les bénir que pour les passer à tabac.

Laissons dans notre poche des guides qui nous conduisent si mal; errons à l'aventure à travers les rues de la ville et dans la campagne; peut-être trouverons-nous en quelque endroit une occasion de nous arrêter.

Aux « Milles Curiosités. »

Les Joanne et les Baedecker ont commis un oubli regrettable dans leur description de la Canée, oubli qu'il est temps de réparer : ils n'ont pas fait mention du magasin des *Mille Curiosités,* tenu par Elie Cavaliero.

Situé sur la place des Monténégrins, à deux pas du port, de l'hôtel de France et de l'hôtel d'Angleterre, le bazar Cavaliero est le rendez-vous de la colonie européenne aussi bien que des touristes et des voyageurs.

Ce minuscule établissement sait mériter la flatteuse réputation dont il jouit; c'est un vrai kaléidoscope, dans lequel le « seul éditeur des cartes postales crétoises » a

---

prix pour se garantir de la peste, les firent voler par des personnes déguisées en pèlerins et bâtirent, pour les recevoir, une somptueuse église.

su réunir, sans encombrement, les monuments intéressants, les sites curieux, les portraits des célébrités indigènes, les scènes vécues, les souvenirs de toute sorte, etc. Rien n'y manque : toute l'histoire de la Canée et de la Crète est retracée en cartes postales; un peintre est attaché à l'établissement, qui, d'une main légère, donne la vie à une nature morte ou reproduit quelque épisode de la révolution de 1897; et vous en avez un exemplaire fidèle, en couleurs si vous le désirez, pour cinq centimes.

Elie Cavaliero sera l'historien crétois des temps actuels; ses recherches et ses efforts ont valu aux collectionneurs de longues séries de cartes d'autant plus artistiques qu'elles sont meilleur marché. Et le tirage continue ! Chaque rue, chaque monument public, tout panorama, toute fête, tout groupe d'officiers, toute gravure, tout tableau deviennent des sujets d'actualité dont Cavaliero sait tirer le meilleur parti. L'éditeur lui-même s'est cru obligé de trouver de l'originalité à sa rondelette personne et, pour avoir quelques chances de passer à la postérité, il s'est octroyé les honneurs de l'impression; sa carte est gracieusement offerte à tout acheteur, avec, au besoin, un mot d'amitié.

Mais il est un sujet que le modeste Cavaliero, toujours respectueux de l'autorité, a jugé plus digne d'intérêt que lui-même, sujet reproduit sous toutes ses faces, à tous les âges, dans toutes les positions et qui détient le record de la carte postale personnelle : c'est l'*ipatos armostis critis* (1).

Cette série permet de constater que, dès sa tendre enfance, le prince Georges devait rêver d'être amiral, car déjà, à l'âge de 5 ans, il avait adopté le costume marin, qu'il n'a plus quitté depuis devant le photographe.

---

(1) Haut-Commissaire en Crète.

La carte postale n'est pas la seule spécialité de la maison : articles japonais et orientaux, photographies de Port-Saïd et de tableaux vivants, tapis de Smyrne et d'ailleurs, soieries de Brousse et de Lyon, armes de Damas et de pacotille, etc.; bref, mille curiosités ont acquis à Elie Cavaliero un renom suffisant et des clients assez nombreux pour qu'il ne soit point nécessaire de lui faire ici une réclame dont souffrirait sa modestie.

La rue Spitzer.

Le colonel Spitzer, ancien commandant supérieur, a donné son nom à une des rues de la Canée; c'est là que les cordonniers ont établi leur quartier général.

Leurs magasins ignorent les glaces et les vitrines; pas d'extérieur, rien n'y arrête le passant; ce sont de vrais capharnaüms encombrés de marchandises et de chaussures éculées; l'odeur du cuir mouillé s'y marie avec les effluves qui s'exhalent de vieilles bottes de pallikares... Le plafond disparaît sous les triples et quadruples rangées de bottes crétoises qui attendent l'arrivée d'un acheteur.

Ailleurs, de pareilles réserves sont introuvables. Les disciples de saint Crépin sont légion à la Canée, et, bien qu'une notable partie de la population considère les chaussures comme un luxe inutile, l'ouvrage ne manque pas. Si on leur demandait comme au Savetier de la Fable : « Combien gagnez-vous par an? », il est probable qu'ils seraient aussi fort embarrassés pour le dire, mais enfin chaque jour amène son pain.

Une vraie botte crétoise ne se fait qu'à la Canée, tout comme une bonne bouillabaisse ne se mange qu'à Marseille.

Peu élégante et peu solide, confectionnée avec un cuir

BIBLIOTHÈQUE NATIONALE RF IMPRIMÉS

jaune de qualité inférieure, sans talon, elle constitue la chaussure nationale pour hommes et pour femmes.

Elle figure dans la grande tenue des cavas du Prince et des consuls.

Le pallikare la chausse pieds nus, réalisant ainsi une double économie d'argent et de temps; car, d'un côté, il n'a pas besoin d'acheter des chaussettes et, de l'autre, n'ayant pas à en changer, il ne perd pas son temps à se déchausser; nombreux sont les Crétois des deux sexes qui n'enlèvent leurs bottes qu'une seule fois : le jour où ils en achètent une autre paire. Nous ignorons si, à cette occasion, le bottier lave les pieds de ses clients comme l'exige l'hospitalité orientale; ce ne doit pas être une petite affaire, s'il est obligé d'en passer par là...

A l'âge où le petit Français met sa première culotte, le gamin crétois a déjà usé sa première paire de bottes. Il faut voir ce minuscule bonhomme trotter sans prendre garde à la boue et aux flaques d'eau, s'arrêtant parci par-là, prenant le chemin le plus long pour se rendre à l'école, où il esquissera tout à l'heure les premières figures de la danse de son pays.

C'est un petit diable, élevé à la dure, qui emporte dans la poche une croûte de pain noir pour son goûter et qui, au jour de l'insurrection, dira volontiers adieu à ses livres et à ses maîtres pour fouler de ses petites bottes jaunes les sentiers de la montagne et rejoindre son père parmi les insurgés.

Le marché.

« — Allons, Monsieur le mari, prenez un filet ou un cabas et allez vite faire le marché. »

Et docile, qu'il soit Grec ou Turc, le mari obéit. La femme garde la maison; elle se contente d'indiquer à son époux le menu qu'elle désire lui servir; quant à faire elle-même son choix chez l'épicier ou le maraîcher, fi donc ! elle croirait déchoir.

Dans les ménages européens, les bonnes indigènes sont tout aussi réfractaires; il n'est pas de bon ton que la cuisinière achète le pot-au-feu.

Les coutumes et usages locaux s'imposent avec une telle tyrannie que la domestique française elle-même renonce sans regret à faire danser l'anse du panier. D'ailleurs, si elle manifeste quelque velléité de rompre avec les habitudes du pays et de se risquer dans la foule grouillante, elle ne tarde pas à être en butte aux poursuites d'insolents Calicouts ou de nègres polissons.

Un officier français avait emmené en Crète une jeune bonne qui s'en alla le premier jour, le panier au bras, faire ses emplettes au marché. Ce ne fut pas long : un grand diable, noir comme corbeau, lui lança sa déclaration :

« Matimoiselle, toi zoli, moi ze t'aime, moi porter ton panier. »

Et, comme un chien fidèle, l'enfant du désert ne lâchait plus la pauvre fille, marchait sur ses talons et s'enhardissait à tel point que celle-ci, écœurée, prit au plus vite le chemin de la maison.

Le lendemain, quand elle reparut sur le marché, le beau nègre semblait l'attendre depuis longtemps; il s'était endimanché pour la circonstance, mais n'était chaussé que de... peau de nègre.

« — Zoli matimoiselle, moi porter ton panier, ze t'aime beaucoup ! »

Vlan ! sa déclaration est coupée par un formidable coup de trique qu'un bras vigoureux lui applique sur le dos, en même temps qu'un pied énergiquement lancé atteint en son milieu la partie la plus charnue de sa noire personne... C'est l'officier qui s'exerce à mettre en pratique les instructions du nouveau règlement de gymnastique.

L'effet est immédiat; de telles caresses mettent l'amour en fuite... et l'amoureux aussi.

En Crète, le mari va donc aux provisions. Une rue bruyante, noire de monde et encombrée de légumes : c'est le marché ou bazar (1). Grecs et Turcs s'y coudoient; ils portent le même costume : veste bleu foncé, longue culotte de même couleur à fond tombant et balançant entre les jambes, bottes jaunes. Ils se distinguent pourtant les uns des autres par leur coiffure et leur ceinture. Les Grecs ont une casquette ou un mouchoir sombre autour de la tête; leur ceinture est noire ou lie de vin. Les Turcs portent le fez ou un mouchoir blanc et une ceinture rouge ou blanche.

Les paysans dévalent de leurs vallées, apportant des douzaines de poules et de pigeons ou poussant devant eux des bandes de moutons ou de veaux. Les jardiniers de la plaine activent leurs petits ânes gris qui disparaissent sous les paniers ou les fourrages; des groupes de femmes benghaziotes, assises devant leurs salades, épluchent avec leurs dents les épinards ou les herbes des champs. Tout le monde parle grec ou arabe. Les vendeurs appellent les clients, disent leurs prix, vantent leur marchandise.

— *Deka ai patatès* (dix centimes les pommes de terre).

— *Ikossi pende mia oka psoumi* (0 fr. 25 l'oque (2) de pain).

— *Fresco barbounachi* (rouget frais).

---

(1) Le nom générique de bazar s'applique à tous les lieux où se font, en pays musulman, des échanges et des trafics, et surtout aux marchés tenus à jour fixe sur les places ou dans les rues.

(2) L'oque vaut environ 1.200 grammes.

— *Oreaïs tomatés Platanias* (belles tomates de Platania).

Etc., etc.

C'est un bruit assourdissant, une vraie cacophonie qui ne trouble d'ailleurs nullement les acheteurs; ceux-ci vont, viennent, s'arrêtent, examinent, tâtent, marchandent, refusent, poussent plus loin et recommencent dix fois le même manège.

Parmi la foule pressée, au milieu des paniers de fruits et de verdure, les fez des Turcs, rouges comme des coquelicots, viennent seuls jeter une note originale; aucune toilette claire ne pique l'affluence sombre; il semble qu'il manque un rayon de soleil à la fête, les fleurs en paraissent moins belles et les fruits moins savoureux.

Nul sourire n'attire le client; les marchands se disent qu'ils seraient bien naïfs d'installer leurs épouses au comptoir ou au seuil de leurs boutiques, puisque les acheteurs laissent les leurs à la maison.

Souvent femme varie,
Fol qui s'y fie!...

Ils chercheraient eux-mêmes des verges pour se faire battre et favoriseraient pour leur « damne, dirait Rabelais, moultes entreprises de cocuage ».

En attendant le client, les uns fument en savourant, dans des tasses lilliputiennes, un délicieux café; les autres roulent dans leurs mains un rosaire dont les gros grains les aident dans leurs calculs.

Son marché terminé, le Crétois a la conscience d'avoir bien employé sa matinée; son cabas est rempli à crever; quelques maigres poissons enfilés au bout d'un ajonc lui promettent une friture appétissante; il peut regagner sa maison.

« — Femme! voici des concombres, des courgettes,

des tomates et du poisson, de quoi faire un festin digne de Monseigneur le prince Georges. Vite à l'ouvrage !

Et, débarrassé enfin de ses paquets, le patron va absorber un mastic et fumer un narghileh.

Antiquités.

« Antique, Monsieur ! » C'est le mot que vous servent les brocanteurs dès que vous examinez un des objets de leur étalage. On a dû leur dire que les antiquités se paient cher; ils n'hésitent pas, en conséquence, à vieillir de deux ou trois siècles des bibelots couverts de rouille ou de vert-de-gris.

La plupart des marchands de bric-à-brac sont établis dans la rue des Chaudronniers; un vieux Sicilien madré, tourneur sur métaux, a deviné que ce voisinage pourrait lui être avantageux; il s'est fait fabricant d'antiquités.

Lampes vénitiennes, mortiers en bronze, aiguières, etc., sortent de son atelier avec un brevet de haute vétusté et vont vieillir encore à l'étalage d'en face.

Les estampes, médailles et monnaies anciennes sont très rares; s'il en existe quelques spécimens, ils sont jalousement conservés. Quelques inscriptions latines un peu fantaisistes, du XVIIe siècle, rappellent la domination vénitienne.

Lorsque, en 1898, les insurgés déposèrent les armes, des milliers de fusils, des pistolets, des sabres, des poignards furent remis aux autorités internationales. Les fusils provenaient de tous les pays d'Europe et comprenaient des modèles aussi variés que démodés; le fusil français 1874 dominait; de vieux Mannlicher, des Vetterli, des Martini, des Schmidt, d'immenses canardières à piston complétaient la collection.

On enferma ces armes à la Sude, dans la mosquée de l'arsenal, sous la garde de Mahomet; celui-ci ne vit certainement pas d'un bon œil la profanation de son temple, car il ne s'est nullement opposé à la fuite des prisonniers les plus intéressants. Ce qui reste n'est que de la vieille ferraille rouillée, canons, baïonnettes, pièces d'armes, etc. Les fûts et les crosses ont servi à faire bouillir la marmite du détachement.

Les futurs insurgés feront bien de compter sur un armement un peu mieux entretenu que celui qu'on leur a conservé à l'arsenal de la Sude.

Certaines armes échappèrent à la razzia de 1898; leurs propriétaires ne s'en vantent pas : dans une famille, le père ignore la cachette du fils. Mais la faim fait sortir le loup du bois; pressé par le besoin, l'ancien insurgé consent quelquefois à se séparer de son poignard ou de son pistolet, jamais de son fusil.

Sans constituer une arme de luxe, le poignard crétois se vend au poids de l'argent; c'est en pareille matière qu'il faut marchander.

« Kyrié ! Combien vends-tu ton machairi (1) ?

— Cinquante centimes le drachme.

— Pèse-le. »

Et, sur une vieille balance ébréchée, le marchand dépose d'un côté le fourreau d'argent; sur l'autre plateau, il entasse deux ou trois jetons de cuivre percés, un écrou rouillé, un morceau de ferraille; cet assemblage bizarre a la prétention de représenter des poids.

« Voilà, kyrié, presque un tiers d'oque.

— *Posso* (2), alors ?

— Cinquante francs.

— En voilà vingt. »

Récriminations, cris, protestations ! Le vendeur reprend sa marchandise, la replace dans la vitrine qu'il

---

(1) *Machairi*, couteau.
(2) Combien.

n'oublie pas de fermer à clef et donne libre cours à son indignation. Vous faites mine de vous diriger chez le bijoutier d'en face.

Immédiatement la colère du compère tombe ! Il y a moyen de s'arranger, que diable !

« Tenez, kyrié, à 35.

— *Ochi* (1).

— A 34.

— *Ochi*... »

Et le poignard sort de la vitrine et y rentre cinq ou six fois.

De guerre lasse, vous offrez 25 francs.

Le marchand hoche gravement la tête en levant les sourcils, porte la main droite sur la poitrine et frappe ses dents avec la langue en produisant un léger bruit, *tt, tt;* il ferme ensuite une seconde les yeux en esquissant un geste de refus, geste d'Hippocrate devant les présents d'Artaxerxès.

« *Denbirasi* (2) », répondez-vous.

Et vous vous en allez. Vous n'avez pas fait dix pas que le bonhomme vous a déjà rejoint et vous glisse le poignard dans la main.

Les poignards crétois ont la lame très longue; le manche en ivoire et le fourreau en argent; on ne peut en déterminer le titre sur place. L'argent est travaillé, presque toujours repoussé; quelques rares échantillons sont ciselés. Sur le fourreau, des trophées guerriers, des drapeaux, des canons, des fusils, des sabres alternent avec des serpents ailés, des fleurs et des écailles; au bout, une tête de dragon. Les poignards turcs diffèrent des poignards grecs par un détail très apparent : les

(1) Non.

(2) Cela ne fait rien.

premiers ont un croissant, les deuxièmes la croix de Malte.

Les Vénitiens importèrent un modèle de lampes assez curieux. Ils n'avaient à leur disposition ni électricité, ni acétylène, ni même du pétrole; mais l'île était plantée d'olivettes, ils s'éclairèrent à l'huile.

Leurs lampes en cuivre se composent d'un réservoir à trois ou quatre becs, mobile le long d'une tige. Cette tige se visse par l'extrémité inférieure sur un large palet; elle porte au bout supérieur un ornement en cuivre avec un anneau, des boucles, des entrelacs, des volutes, etc. Parfois un oiseau, les ailes déployées, surmonte la lampe.

Les accessoires indispensables sont accrochés par des chaînettes et comprennent des mouchettes, un éteignoir, une curette et un petit attisoir.

Les Vénitiens prenaient décidément plus de précautions pour moucher leurs lampes que n'en prennent les pallikares crétois pour se moucher eux-mêmes (1).

Les Popes.

Les braves curés crétois, appelés popes par le commun des mortels et papas par leurs fidèles, constituent une des curiosités du pays, non point qu'ils soient rares et luxueusement habillés. : ils sont plus nombreux que les cartes postales et les chapelles orthodoxes; quant à leur tenue, elle manque en général autant d'esthétique que de propreté.

Le grand chef du clergé est le métropolite de Candie, qui a rang d'archevêque; il reçoit la lumière et les instructions du vénérable patriarche de Constantinople

(1) Le pallikare se mouche avec les doigts et s'essuie ensuite avec la manche ou la paume de la main.

qui, du fond de son Phanar, fait la nique au Vatican et risette au Grand Turc.

Il a sous ses ordres une escouade de huit évêques; les 260.000 chrétiens de l'île ne manquent donc pas de chefs spirituels.

La Crète a fait depuis longtemps la séparation des Eglises et de l'Etat; les fonctionnaires du culte n'émargent qu'au budget des fidèles; il faut croire que ce budget est sérieusement élastique, ou que les prêtres ne sont pas exigeants, car si le nombre de ces derniers est fort considérable, leur santé et leur embonpoint ne paraissent nullement souffrir de la privation d'un traitement officiel. « Gras comme un moine », dit-on chez nous; la traduction crétoise : « Gras comme un pope », n'est nullement une affirmation gratuite.

Dans le clergé catholique romain, le dernier des vicaires a, dans sa garde-robe, la barrette de cardinal; dans la hiérarchie orthodoxe, une barrière arrête irrévocablement l'avancement d'une catégorie de prêtres. Tout pope qui convole en justes noces ne dépasse pas le rang de « papas »; en revanche, le célibataire peut aspirer à tous les honneurs.

Les papas ne sont généralement pas ambitieux; ils usent largement de la permission de prendre femme et se font un devoir de mettre en pratique le conseil de l'Ecriture : « Croissez et multipliez ».

M. Piot, s'il était Crétois, en aurait l'âme réjouie!

Les fils d'archevêques n'existent donc pas là-bas; en revanche, les fils de popes abondent. Leur origine se lit non pas sur le front, mais dans leur nom; tout enfant de pope prend le nom de son père, précédé du mot « papa ». Exemples : Papadakis, Papageorges, Papadiamantopoulo, Papadopétro, etc.

Escortés d'une demi-douzaine d'enfants, la barbe hirsute, les longs cheveux vierges du fer flottants sur les épaules ou tressés en chignon, vêtus d'une vieille soutane crasseuse et trop courte, chaussés de solides bottes jaunes, les popes paraissent arborer sur leur tête un chapeau haut de forme renversé, qu'ils auraient défoncé et dont ils auraient rogné les ailes. Ce sont de gais compagnons qui ne boudent pas aux fêtes et ne détestent pas honorer de leur présence le café des pallikares, où le meilleur des narghilehs leur est fidèlement réservé. De mœurs patriarcales d'ailleurs, ils évoquent le souvenir des vieux pasteurs de la Bible.

De bonne heure on a dû leur apprendre à nasiller; ils ont fait évidemment des études particulières à ce sujet, car ils sont inimitables dans leurs chants. Lorsque, pendant une cérémonie, le chœur des popes répond aux prières de l'officiant, on ne songe nullement au chœur des moines des *Huguenots,* mais plutôt à un orchestre de phonographes rudimentaires.

Les popes des couvents sont de solides campagnards qui bornent leur ambition à faire pousser des légumes, mûrir des oranges et des raisins et qui adorent assassiner de temps en temps un lièvre inoffensif.

Les portes de leurs monastères s'ouvrent toutes grandes devant les voyageurs et les étrangers. A table, les hôtes de passage s'assoient à la place d'honneur : l'higoumène (1) se montre plein d'attentions pour eux et leur sert des festins pantagruéliques. Des monceaux de victuailles s'amoncellent aux quatre coins de la table; un mouton, sacrifié pour l'occasion, a été dépecé en tranches énormes et apprêté un peu de toutes les manières; il paraît et reparaît cinq ou six fois sur la table en blanquette, à la ravigote, à la palikare, en haricot, bouilli, braisé, rôti, etc. Les portions, par leurs dimensions, font

(1) L'higoumène est le supérieur du couvent.

trembler les estomacs les plus solides. Mais l'air de la montagne creuse l'appétit, et d'ailleurs comment les invités pourraient-ils bouder à la fête qui se donne pour eux? Le vin fleure bon; il ne sent ni la résine, ni le serpolet; il a une belle couleur pelure d'oignon et les trognes réjouies des popes n'ont pas pris leur teinte rubiconde en se mirant dans un verre vide. Lorsque l'agape prend fin, on ne s'explique pas comment on a pu manger, si ce n'est que parce que l'on a bu tout autant.

L'hospitalité dans les couvents ne se paie pas; les popes n'acceptent que des remerciements, des cigarettes et des photographies. Les étrangers peuvent se montrer généreux pour la chapelle; devant les Saintes Images, un plateau est destiné à recevoir l'obole des passants.

Les moines s'ingénient à distraire leurs hôtes; quelques-uns sont fiers de leur montrer les propriétés du couvent et de faire avec eux le tour du propriétaire. Ardents patriotes et ennemis jurés des Turcs, ils ont presque tous fait le coup de feu aux dernières insurrections, à la tête des bandes d'insurgés qu'ils avaient fanatisés.

Certains couvents gardent encore les traces du passage des Turcs; « leurs brèches sont douloureuses à voir comme des blessures de soldats tués, abandonnés où ils sont morts (1) ».

Les murs éventrés, les tombeaux, les ossuaires sont

(1) Le couvent d'Arcadi soutint un long siège contre les Turcs en 1866. Lorsque toute résistance fut jugée inutile, l'higoumène bénit une dernière fois les chrétiens qui s'étaient réfugiés auprès de lui et fit sauter une partie du couvent. Aujourd'hui les murs n'ont pas été relevés; la porte du réfectoire est percée à jour et les tables en face de l'entrée sont criblées comme une cible. A côté, dans un monument funèbre, reposent les restes de 1.300 victimes des Turcs et leurs ossements, entassés pêle-mêle, parlent éloquemment aux jeunes générations des luttes sanglantes que la Crète chrétienne a soutenues si longtemps pour sa religion et son indépendance.

des lieux sacrés que les moines n'oublient jamais de faire visiter aux étrangers.

Le pèlerinage une fois accompli, l'higoumène peut organiser sans remords une partie de chasse. Il est compétent dans la matière; c'est le meilleur fusil du pays. Il possède une arme perfectionnée dont on lui a fait cadeau le plus souvent et dont il sait tirer le meilleur parti; il a un jarret de fer, un œil d'aigle; il connaît tous les coins giboyeux de la contrée et, tel un antique seigneur féodal, il exerce son droit de garenne à 20 kilomètres à la ronde. Il se permet même certains privilèges de bon vivant et ne croit pas damner son âme en troussant, par-ci par-là, quelque fille des champs.

Il a sous ses ordres une dizaine de moines et une légion de travailleurs. Son couvent d'aspect moyenageux, avec son enceinte percée de créneaux et de fenêtres grillées, a été bâti pour la résistance; et, de même qu'autrefois les serfs et vilains cherchaient un refuge dans les châteaux-forts, naguère, au premier danger, le peuple des campagnes accourait en foule au couvent le plus proche.

Actuellement, ces citadelles guerrières sont des fermes pleines d'activité plutôt que des asiles de prière.

Lorsqu'on a franchi l'unique porte qui donne accès à l'intérieur, on pénètre dans une cour rectangulaire autour de laquelle se succèdent les cellules des moines, les appartements pour les étrangers, quelques logements d'ouvriers, les écuries et les dépendances.

Au centre de la cour plantée d'orangers et de citronniers la chapelle se dresse avec son clocheton et ses murs blanchis, pareille à une rustique église de campagne. Trois ou quatre fois par jour la cloche argentine appelle les popes et l'on voit, glissant silencieusement sous les arbres, des robes noires se diriger vers le lieu saint, en franchir le seuil et disparaître dans l'ombre mystérieuse que percent de petits points jaunes et vacillants.

Ignorants en général, les moines ne négligent cependant pas toujours la culture de leur esprit; certains d'entre eux vouent leur talent de peintre ou de poète au culte de la Vierge et des saints, et leurs tableaux font l'admiration des visiteurs.

D'aucuns parlent plusieurs langues.

Leur bonté franchit les murs du couvent et se répand au dehors comme une manne bienfaisante. Les jours de fête, la population des villages voisins se donne rendez-vous au monastère. Elle assiste recueillie à la messe; puis, sous l'œil bienveillant des parents et des popes, jeunes gens et jeunes filles s'adonnent à la danse nationale.

Les popes ont prodigué les chapelles dans les campagnes; partout où le hardi braconnier pose son pied agile, partout où le pâtre audacieux guide son troupeau, partout la main généreuse d'un moine a consacré un sanctuaire au culte des Saintes Images. Dans ces asiles solitaires viennent se réfugier par le mauvais temps les errants et les voyageurs (1).

C'est en faisant le bien autour d'eux que ces ministres de Dieu vivent leurs jours tranquilles, parmi les populations rurales qui les respectent malgré leurs défauts; en leur cœur ils nourrissent un ardent amour pour la liberté de leur petite patrie.

Pendant longtemps ils ont été pour le peuple crétois

---

(1) Sur le mont Ida, à 2.500 mètres d'altitude et à dix heures de marche du village le plus rapproché, un moine a bâti une petite chapelle et creusé une citerne qui sont d'un précieux secours, dans ce désert, pour les excursionnistes de tous les pays. La reconnaissance d'un voyageur a gravé ces mots sur la pierre : « Bénissez l'œuvre du frère Callinicos Vamboucas, moine de l'église de Discouri. »

à la fois des instituteurs et des consolateurs; pendant longtemps ils ont relevé les courages défaillants et ranimé les espérances chancelantes; mais ils n'ont plus maintenant sur les lèvres que des paroles de paix et ne se souviennent plus de leurs cris de guerre et de vengeance qui soulevaient naguère encore leurs fidèles contre la tyrannie des Turcs.

CHAPITRE VII

MUEZZINS, DERVICHES ET MOSQUÉES

Les nuits d'Orient, tant chantées des poètes, sont en été d'une fraîcheur délicieuse; la lune y brille d'un éclat inconnu dans nos pays, en souvenir peut-être du temps lointain de sa jeunesse où, sur ces mêmes rivages, la candide Hébé se laissait conter fleurette par Hercule. De sa divinité passée elle semble avoir gardé une superbe couronne d'argent qu'un immense halo vient ceindre, aux heures silencieuses des nuits d'été, autour de son front blanc.

Ces soirs-là, l'atmosphère est d'une transparence de cristal. Du haut des remparts de la Canée, on aperçoit dans le lointain la chaîne des monts Blancs avec ses arêtes presque aussi nettes que pendant le jour.

Les maisons aux façades claires, si elles se fondent en groupes un peu imprécis, conservent encore leur relief et leur nuance propre; les sveltes minarets se profilent très nets sur le ciel.

Aujourd'hui, les Turcs sont en fête!

Pareilles à des fleurons de feu d'une immense couronne d'or, les lanternes allumées au haut des minarets attirent les regards bienveillants de Mahomet sur les fidèles; dans la nuit, l'on dirait que ces lumières tremblotantes sont effleurées au passage par la prière des croyants qui s'élève au-dessus de la foule, monte et s'envole vers Dieu.

« Alhah ou Achbar!... » Du haut de cette fine silhouette, dont la pointe terminée par un croissant semble vouloir percer la nue, un chant d'une douceur pénétrante tombe doucement dans le calme du soir.

Une ombre apparaît au-dessus des lumières, la tête levée vers le ciel; elle glisse lentement autour de sa terrasse! Elle s'arrête un instant face à la Mecque, où repose le Prophète; puis elle jette aux quatre vents du ciel sa plainte mélancolique : « Salut, monde, monde méchant; Dieu seul est Dieu et Mahomet est son prophète! » La prière s'élève, en un long cri, vers le Maître de l'heure; puis, semblable à la flamme qu'un souffle courbe et fait vaciller, elle paraît étonnée de son audace, hésite et s'éteint!...

Bientôt elle renaît et se relève, traîne quelques secondes, plane dans l'air et meurt en un dernier écho.

Là-bas, une autre voix lui répond, plus douce et plus lointaine, plus fraîche aussi et enfantine presque; la brise qui passe cueille la prière sur les lèvres du pieux éphèbe et l'emporte, sur son aile, dans les profondeurs éthérées.

Les islams viennent prier!

Dans la mosquée voisine, faiblement éclairée par une douzaine de veilleuses, parmi les odeurs violentes de l'encens et les aigres relents des corps en sueur, une vingtaine de Turcs s'agitent, se contorsionnent en mouvements brusques et violents et poussent ensemble une sorte de grognement rauque qui n'a rien d'humain : ce sont les derviches hurleurs qui se livrent à leur sport favori.

« La Inlah inch Allah » : Dieu est Dieu. Un vénérable prêtre de Mahomet en robe verte se tient au fond de la salle devant la porte sacrée tournée vers l'Orient. Il chante sur un ton nasillard les versets du Coran; chaque verset est souligné par le chœur bruyant des derviches qui poussent le cri d' « Allah » et qui accélèrent de plus en plus leur quadruple mouvement en avant, en arrière, à droite et à gauche. De grosses gouttes de sueur perlent sur les visages des exécutants; le vertige semble s'emparer de la troupe, les contorsions deviennent plus violentes, les cris plus rauques, les mouvements de plus en plus rapides; l'espalier hurlant fait du 40 à la minute!...

Maintenant la puissante clameur humaine est un hurlement terrible que rythment les tambourins. Un fou sort du cercle et se précipite, tête baissée, sur le mur en poussant un grand cri : « La Inlah inch Allah ». Le mur a résisté et l'enfant du Prophète roule sur la natte.

Un vieux Turc, blanchi par l'âge, s'agenouille près du frère évanoui. Un mot dit à l'oreille ranime le blessé; Allah veut qu'il soit guéri, il l'est; sa tête est bien encore un peu lourde; il y sent le doigt de Dieu qui se pose sur elle pour la guérir!...

Les hurlements et les contorsions continuent ainsi jusqu'à épuisement complet; de temps à autre un des derviches s'arrête quelques minutes pour respirer, puis il reprend sa place. Vers minuit, Allah, par la bouche de l'iman, se déclare satisfait.

Quand on songe que ces malheureux ont passé leur longue journée de dix à douze heures à transporter de lourds fardeaux ou à pousser des chariots pesamment chargés, on ne peut s'empêcher de reconnaître que la foi, si elle engendre des miracles ailleurs, se contente de produire ici des prodiges, des prodiges de folie, d'énergie et d'endurance. Les mouvements épileptiques de ces forcenés inspirent à la fois l'horreur et la pitié! Et cependant, la force qui les déchaîne n'est-elle pas un moteur puissant?

« Qui de nous a raison? Ceux qui se détournent avec mépris de ces hurlements fauves qui semblent déshonorer l'humanité, ou ces êtres surexcités qui, dans leur grossière extase, entrevoient peut-être des mystères qui échappent à nos regards réfléchis? (1) »

Il existe une autre secte de derviches à qui répugnent les exercices violents et qui pratiquent des rites plus harmonieux, plus policés peut-être; ceux-ci honorent Allah en faisant des pirouettes comme des toupies. Nous avons nommé les derviches tourneurs du Téké.

Ces musulmans placides tiennent leurs assises à quelques centaines de mètres du jardin public, auprès de la route de la Sude.

Leur mosquée se cache au milieu de la verdure; dans cette retraite silencieuse, les disciples de Mahomet viennent se recueillir, loin des agitations du monde et l'honorer à leur façon. Des enfants joufflus, pleins de santé et demi-nus, errent sous les charmilles; ce calme asile de la prière n'est troublé que par les pas et les prières des prêtres d'Allah et les joyeux ébats de leurs enfants.

L'heure de la cérémonie approche; un à un les derviches arrivent; rien ne les distingue encore des autres Turcs. Laissons-les s'habiller pour la fête et pénétrons dans la mosquée. A l'intérieur, un grand cercle, entouré d'une barrière et semblable à la piste d'un cirque est l'endroit sacré, interdit aux profanes, où les derviches exécuteront tout à l'heure leurs exercices chorégraphiques.

Autour de cette piste une tribune est réservée aux invités.

Voici venir les exécutants, les yeux baissés; sous leur grand voile noir, les pieds nus apparaissent à peine; leur tête coiffée d'un immense tube marron est inclinée sur leur poitrine. Le grand iman leur ouvre l'enceinte sacrée; chacun, en passant devant lui, s'incline lente-

(1) De Blowitz.

ment et profondément, les avant-bras croisés sur la poitrine, les mains aux épaules. La barrière se referme. les derviches déposent leurs manteaux noirs. Aussitôt, dans une galerie élevée, des musiciens embouchent leurs longues flûtes et en tirent des sons empreints d'une mélancolique douceur.

Les tourneurs sont maintenant entièrement habillés de blanc; avec leurs longs jupons tuyautés et empesés, leur large caraco aux manches flottantes, ils ressemblent vaguement à de vieilles danseuses en dèche, sur une scène de village.

Les yeux fermés, la tête inclinée sur l'épaule droite, les bras levés à 45 degrés, les mains pendantes, ils tournent d'abord lentement; puis ils valsent avec une vitesse telle qu'on distingue à peine leur visage. Leur jupon fait la roue comme la crinoline de gaze des ballerines.

L'un d'eux au milieu du cercle tourne sur place; les autres accomplissent une révolution autour de lui en tournant sur eux-mêmes; c'est une image vivante de l'harmonie de l'univers.

Les islams vous diront, en effet, que Mahomet découvrit, bien avant Copernic et Galilée, le double mouvement des planètes et qu'il consigna sa découverte dans le Coran; il n'y avait qu'à la lire.

De temps à autre, les derviches-planètes s'arrêtent pour marquer probablement les saisons, les années ou les siècles; ils se font des révérences profondes, en n'oubliant jamais de croiser leurs pieds nus et de poser l'orteil droit sur l'orteil gauche : ce qui aurait pour but de rappeler qu'il n'y a qu'un Dieu et que ce Dieu est Allah.

Lorsque le mouvement a assez duré, le directeur de l'exercice arrête d'un geste les révolutions du soleil et des planètes, tel Josué immobilisant le soleil sur la montagne et la lune dans la vallée.

Un excellent café turc est offert aux étrangers, et ce serait méconnaître les lois de l'hospitalité et froisser profondément les musulmans que de refuser de s'asseoir un instant sous leur toit.

Ceux-ci sont toujours heureux de faire les honneurs de leurs mosquées aux visiteurs; mais il est une partie sacrée que les infidèles ne doivent pas fouler de leurs pieds. Les Turcs eux-mêmes n'y pénètrent qu'avec respect, après avoir passé leurs pieds sous le robinet de la fontaine voisine (1) et enlevé leurs chaussures.

C'est un spectacle curieux, à l'heure de la prière, que celui de ces innombrables paires de chaussures de toutes les formes et de toutes les grandeurs, bottes, souliers, sandales, sabots, bottines, etc., fraternisant et s'aromatisant réciproquement, au seuil du temple dont l'accès leur est interdit.

Il y a là matière à un concours pour les journaux qui proposent à leurs lecteurs des problèmes ou des rébus avec solutions primées.

A la sortie, chacun reprend son bien, sans une hésitation, sans une erreur. Il ne faut accepter que sous bénéfice d'inventaire la mésaventure attribuée à l'un de nos camarades lors d'une visite à une mosquée. Il se serait déchaussé, aurait laissé à la porte une paire de bottines neuves et Mahomet aurait transformé ces bottines en vieilles galoches.

En nos pays d'Occident, les Turcs ont été un peu méconnus; on les appelle bandits, assassins, égorgeurs, et il faut reconnaître qu'ils ont travaillé à mériter cette réputation. On étonnerait bien des gens en leur disant

(1) Le Coran dit en effet : « Croyants! quand vous vous disposez à faire la prière, lavez-vous le visage, les mains et les bras jusqu'au coude, essuyez-vous la tête et les pieds jusqu'aux talons. »

que les disciples de Mahomet sont bons, généreux, et d'une probité à toute épreuve.

Ceux qui ont vécu au sein d'une société musulmane le reconnaîtront aisément. De commerce facile, le Turc ne cherche pas à tromper; il est doux et prévenant; lorsqu'un étranger assiste à une fête musulmane, à une réjouissance, il est l'invité de tout le monde; chacun s'arroge le droit de lui envoyer un rafraîchissement. On peut se fier à la parole d'un Turc; lorsqu'il a pris Allah à témoin, il est absolument lié.

C'est que la pratique de la religion est pour lui le code des seules lois et des seuls usages qu'il reconnaît.

Ne touchez pas à ses mosquées, ne molestez pas ses coreligionnaires, respectez les hanouns voilées et vous vivrez en paix avec lui. Mais lorsque l'iman a parlé, qu'il a levé l'étendard contre les infidèles, ce mouton devient enragé. Il n'hésite nullement à frapper les ennemis de sa foi; il croit au paradis qu'on lui promet et qui est réservé aux vaillants.

« Après la mort, est-il écrit dans le Coran, quand les âmes ont été interrogées par Moukir et Nakir, anges noirs aux yeux bleus, et que leurs actions ont été pesées dans une balance assez vaste pour contenir le ciel et la terre, les ressuscités sont conduits vers le pont Al-Serat, plus étroit qu'un cheveu, plus effilé que le tranchant d'une épée. Les vrais croyants, les justes, les braves traversent l'abîme aussi vite que l'éclair et vont habiter les jardins du septième ciel. Là ils trouvent des bosquets éternellement verts et pleins de fraîcheur, des tapis de soie, des eaux murmurantes, des fleurs, des parfums, des repas exquis, des nymphes immortelles aux yeux noirs; les divines houris, lascives et voluptueuses, leur font goûter soir et matin une félicité qui surpasse tous les plaisirs des sens, comme l'Océan l'emporte sur une perle de rosée ! »

L'espoir de pareils baisers arme les bras des plus faibles et fait commettre des atrocités.

Le caractère et les mœurs du peuple turc ont été l'objet d'études sérieuses; ses violences ont provoqué des philippiques enflammées et soulevé l'indignation de l'Europe. Il ne rentre nullement dans le cadre de ce modeste travail d'attaquer ou de défendre le Grand Turc et ses sujets; mais il était nécessaire, en passant, de rendre justice aux musulmans que les Français de Crète n'ont point trouvés hostiles là-bas et qu'ils ont pu comparer, sans aucun désavantage pour eux, à ceux qui se targuent d'être les vrais descendants des héros d'Homère.

CHAPITRE VIII

FÊTES ET CÉRÉMONIES

1° *Fêtes du Prince.* Deux fois l'an (1), Son Altesse éprouve le besoin de passer en revue les troupes internationales.

Cet amiral grec, dont nos marins jalousent le rapide avancement, sait se souvenir que son illustre patron, saint Georges, est le patron des cavaliers; pour rendre hommage à cet ancêtre de l'équitation, le Haut-Commissaire descend pour quelques heures du char de l'Etat crétois, qu'il conduit avec tant de maëstria, pour enfourcher une frigante monture que lui valut la générosité de son cousin Nicolas II.

En 1898, le prince Georges fut reçu avec enthousiasme; un tableau populaire assez naïf, et de facture un peu simple, représente la Crète sous les traits d'une vierge défaillante ayant encore des fers aux mains et soutenue par le tsar Nicolas, la reine Victoria et le président Félix Faure; à côté, un insurgé grec, aidé du roi Humbert, brise à grands coups de massue la chaîne de la captive, pendant qu'Abdul-Hamid, réduit à l'impuissance, se croise les bras et ronge son frein. Au-devant de la vierge s'avance le prince Georges; c'est le libérateur, c'est lui qui va relever la pauvre affranchie, dont les bras suppliants seront enfin libres.

Les enthousiasmes sont vifs, mais de peu de durée; le prince Georges en a fait l'expérience. Le temps est

(1) Le 6 mai, fête de saint Georges; le 22 décembre, anniversaire de l'arrivée du prince Georges en Crète.

passé où, les jours de fête, le pétrole coulait à flots dans de grands récipients qu'on allumait sur les remparts et le vieux môle; où de grandes flammes bleues, pareilles à de gigantesques lampes fumeuses, éclairaient la joie exubérante du peuple en liesse. Les fournisseurs de pétrole sont les premiers à s'en plaindre; certains menacent de se faire pétroleurs pour écouler leur marchandise.

Le programme des réjouissances n'est pas trop chargé et les Mollard de l'endroit ne se fatiguent pas l'imagination pour le varier. La revue et le *Te Deum* en constituent les actes principaux.

Sur le terrain de manœuvres sablonneux et caillouteux, les détachements internationaux se déploient sur trois côtés d'un rectangle dans l'ordre suivant : Gendarmerie crétoise, Français, Italiens, Russes.

Des fanfares bruyantes, des commandements bizarres annoncent les arrivées successives des troupes.

Coiffures et uniformes, épaulettes et galons, tout diffère : bonnet grec, képi, béret bleu italien à deux pointes, casquette russe ; il manque à la collection le chapeau boer, mais il est à Candie avec les Anglais, d'où il vient à l'occasion. Le pantalon est rouge chez les Français, gris-bleu chez les Italiens, noir chez les Russes et les Crétois ; les Italiens le fixent dans leurs guêtres de toile, les Russes l'enfoncent dans leurs bottes, les Crétois l'arrêtent au genou, et les Français, comme quand ils vont dans le monde, le laissent tomber sur le cou-de-pied.

Quelques instants avant l'arrivée du prince, habituellement, la pluie se met à tomber; la poussière est balayée, les troupes sont fraîches... Son Altesse peut venir.

Et Elle vient, ou Elle ne vient pas !...

Malgré l'inclémence du ciel, Elle a décidé qu'Elle passerait la revue !

« A cheval ! » C'est un moment critique pour certains superbes officiers de marine du cortège. Un cheval, ça tangue et ça roule plus qu'un bateau ! Et pas moyen de jeter l'ancre avant la fin de la revue !

Là-bas une sonnerie résonne, tous les instruments se mettent de la partie, les cuivres exhalent des sons rauques, les tambours ont des roulements sourds. On entend des commandements barbares, suivis de mouvements d'armes, après lesquels tout le monde reste silencieux et immobile. Le Prince passe, salué par les drapeaux et les officiers, répondant d'un geste large, tandis que la foule l'accueille par quelques *Zito* dont la pluie semble étouffer les échos.

Dans un coin, les Russes attendent. Le cortège s'approche et à peine le traditionnel « Bonjour, mes enfants » a-t-il été lâché, que les voilà subitement déchaînés. Les bruyants hourras effraient les chevaux qui se cabrent et tanguent de plus en plus ; quelques cavaliers n'hésitent pas à faire usage de la cinquième rêne, et les Russes, comme le nègre, de continuer.

Enfin, ce pas dangereux franchi, on se prépare pour le traditionnel défilé. Attention, voici les photographes qui apprêtent leurs appareils. Il s'agit de tendre le jarret, ou d'avoir une belle attitude à cheval, si vous désirez ne pas faire trop mauvaise figure sur la carte postale dont s'enrichira demain la collection Cavaliero.

La fête militaire se termine avec le défilé ; maintenant les popes attendent leur tour. Allons remercier le Dieu des orthodoxes d'avoir accordé à la Crète le bonheur d'être administrée par S. A. R. Monseigneur le Prince Georges de Grèce.

Te Deum. — Dans la cathédrale de la Canée se sont donné rendez-vous les autorités internationales et locales; pour occuper moins de place, on reste debout. L'évêque en grande tenue, entouré d'une dizaine de popes, fait face à la porte; il arbore pour l'occasion une tiare superbe, qui ne ressemble en rien à celle de Saïtaphar-nès, mais que doivent envier ses collègues catholiques romains, qui n'ont qu'une mitre; le sceptre d'une main, l'Evangile de l'autre, l'évêque se porte à la rencontre du Prince; il le reçoit à l'entrée, lui fait baiser la croix et lui montre ensuite le chemin. Les chantres commencent à nasiller; une forte odeur de cire emplit la nef; les fi lè-les, à certains moments, se frappent la poitrine à coups d'innombrables signes de croix; des lustres s'échappent des gouttes brûlantes qui tombent en grésillant sur les crânes dépilés, à la grande joie des voisins.

Soudain, quelques vigoureux *Zito* résonnent dans la nef; ce sont des Crétois convaincus ou... encouragés qui acclament le Haut-Commissaire. C'est le signal du départ; en un instant l'église se vide, pendant qu'expi-rent sur la place les dernières notes de l'hymne grec.

La fête en ville. — Si, dans l'antiquité, les Grecs célé-braient leurs fêtes avec une pompe et un éclat dont la renommée est venue jusqu'à nous, les Crétois modernes n'ont pas l'air de s'en souvenir et les jeux pythiques, né-méens ou olympiques leur sont parfaitement inconnus.

Aux jours de réjouissance nationale, la municipalité essaie un pavoisement, les particuliers exhibent leurs drapeaux. Pour la circonstance, chacun va décrocher, à la place d'honneur de son salon, le portrait de Son Al-tesse et le suspend à la porte ou à la fenêtre; le moment est généralement mal choisi parce que la pluie, qui est de la fête, détériore le cadre et la photographie.

Il serait plus simple et plus économique d'offrir à chaque Crétois une statuette de Son Altesse en métal inoxydable, pour qu'il pût la placer devant sa porte; au besoin, en la dotant d'une tête mobile, on pourrait l'utiliser indéfiniment; on se contenterait de changer la tête à l'avènement d'un autre Commissaire. Outre le haut enseignement moral que le peuple pourrait retirer de cette galerie, les rues y gagneraient en esthétique, et Dieu sait si elles en ont besoin.

En attendant cet embellissement de la cité, le Prince défile entre une double haie de ses photographies, qui semblent le regarder curieusement, et il ne doit pas être toujours très flatté de certaines reproductions plus ou moins fidèles de son auguste personne.

Des guirlandes de buis encadrent son portrait et lui font une auréole de gloire. Point de lauriers; il n'en pousse pas dans l'île, ou bien ils ont été moissonnés en 1898 par le colonel grec Vassos et ses vaillants guerriers. En revanche, profusion de drapeaux et d'arcs de triomphe.

La voie qui conduit de l'entrée de la ville au Konak, le Capitole de l'endroit, est bordée de chaque côté d'un cordon de verdure. Les édifices publics exhibent leurs lanternes. Ces lanternes sont des espèces de falots à quatre verres, pareils à ceux en usage dans nos campagnes. Les Crétois qui sont obligés, par leurs fonctions, à se réjouir officiellement, ont adopté ce mode économique d'illumination. Ce n'est peut-être pas très décoratif, mais cela dure, et le matériel n'a rien à craindre de la pluie. L'effet ne manque pas d'une certaine originalité. Certains indigènes, plus pratiques, suppriment les lanternes; ils alignent derrière leurs vitres des rangées de bougies, que ni le vent ni la pluie ne peuvent éteindre. La majorité a trouvé la solution la plus économique : les illuminations des autres lui suffisent.

Il ne manque à la solennité de la fête que le grondement du canon; les Crétois s'abstiennent de tirer des salves d'artillerie pour une cause analogue à celle qui empêchait un gouverneur de ville de faire parler la poudre pour recevoir Henri IV : le gouverneur, entre autres bonnes raisons, n'avait pas de canon. Les vieux obusiers vénitiens, dont les Turcs ont fait cadeau au prince Georges, ont aujourd'hui la gueule enfoncée dans le sol et servent à fixer les amarres des bateaux qui pénètrent dans le port.

2° *Cérémonies religieuses.* — Les processions sont demeurées, comme aux temps antiques, les cérémonies principales du culte grec; mais elles tournent vite aujourd'hui à la promenade amusante, presque à la cohue. Elles se déroulent à travers les rues étroites et tortueuses de la ville, au bruit assourdissant des pétards et au son des cloches, entre deux haies compactes de curieux de toutes les religions et de tous les pays.

Le jour de l'Epiphanie, le clergé et les fidèles orthodoxes se rendent en procession sur le quai, devant le cercle militaire français, pour la cérémonie de la bénédiction de la mer. Une table porte une cuvette pleine d'eau de mer et deux cierges allumés; elle sert d'autel et de reposoir. Les prières alternent avec les chants; souvent la bise souffle, des rafales de pluie cinglent les visages vénérables des popes; ceux-ci ne marquent aucune impatience. Dans les barques, chargées de curieux à couler, des fanatiques sont prêts à se jeter à l'eau pour gagner une indulgence. Autrefois, lorsque l'évêque lançait la croix d'argent à la mer, des exaltés se précipitaient et plongeaient pour la repêcher; l'on a vu des concurrents acharnés jouer du couteau pour rapporter la bienheureuse croix. Aujourd'hui le sang ne coule plus.

Le pacifique évêque a trouvé une solution heureuse. Lorsque, saluée par les acclamations de la foule, la croix descend lentement dans l'eau, un fil sauveur la retient, et un geste la ramène à la surface; ce qui n'empêche nullement d'ailleurs les convaincus de gagner leur indulgence et il faut avouer qu'elle n'est généralement pas volée.

Après la procession du jour, voici celle de la nuit. C'est le vendredi saint : toute la journée un glas lugubre a plané sur la ville, comme une lente agonie; puis la cloche s'est tue à l'orée de la nuit.

Vers 9 heures, de gros feux de bengale rouges, blancs et verts déroulent devant les yeux éblouis le spectacle pittoresque des balcons, des terrasses et des toits envahis par la foule. Des fenêtres du cercle militaire, l'œil embrasse le port et le quai trop étroit sur lequel s'engage le cortège. C'est une vision étrange qui s'offre alors aux regards; les mille lumières des cierges, des lanternes sacrées, des torches et des bougies romaines se reflètent dans la mer avec les couleurs de l'arc-en-ciel. En ce pays du merveilleux antique, on dirait un défilé féerique d'un conte des *Mille et une Nuits*.

Les fêtes religieuses sont généralement caractérisées par de véritables hécatombes de moutons et d'agneaux. La terre de Crète est bien ingrate pour les frères du doux compagnon de saint Jean-Baptiste. Qu'elles portent à leur cou le croissant du Prophète ou un chapelet de perles; que leur maître soit musulman ou chrétien, bourgeois repu ou paysan misérable, ces pauvres bêtes auront toutes le même sort : elles seront mises à la broche à la première occasion.

La veille des jours de réjouissances, les bergers accourent en nombre vers la ville, activant de la voix et du bâton leurs troupeaux bêlants et apeurés; chaque chef de famille va faire son choix,

> Marque entre cent moutons, le plus gras, le plus beau,
> Un vrai mouton de sacrifice!

Docile, la victime suit son nouveau maître dans sa

demeure, ne se doutant pas qu'on va l'égorger traîtreusement dès qu'elle aura franchi le seuil.

Tout Crétois est boucher à l'occasion; ses ancêtres l'étaient déjà, il y a deux mille ans (1); mais il semble que ces derniers, sous couleur de dévotion, se gaussaient singulièrement de la divinité. Quand ils abattaient une bête, au lieu de faire la part des pauvres, ils n'oubliaient pas de réserver la part des dieux; ce lot était constitué par les entrailles. Comme les cuisiniers n'avaient pas encore inventé les tripes à la mode de Caen, les diseurs de patenôtres de l'époque saupoudraient la portion sacrée de fleur de farine d'orge; les dieux, bons enfants, s'en contentaient. Aujourd'hui les sacrificateurs, ne sachant que faire des entrailles des bêtes égorgées, les jettent simplement dans le port ou devant la porte des voisins.

Le plus souvent, le mouton se cuit à la pallikare; le procédé est simple : creusez un sillon au bord d'un chemin ou dans un champ, allumez un grand feu, plantez ensuite en terre deux piquets terminés en fourche et coupez une branche solide que vous effilerez au bout; embrochez le mouton entier et mettez-le au-dessus de la braise; tournez de temps à autre, flambez et cuisez peu à peu; vous aurez bientôt un vrai régal, d'autant plus délicieux que la bête sera plus grosse et plus grasse; servez celle-ci entière et si vos convives sont de vrais pallikares, vous verrez avec quelle énergie ils attaqueront cet énorme rôti; imitez-les et ils vous sacreront « coumbare », c'est-à-dire « cher ami ».

Les fêtes orthodoxes sont copiées sur les fêtes catholiques, qu'elles suivent à huit jours d'intervalle.

Le jour de Pâques, anniversaire annuel de joie et

(1) « Que chacun de vous ait dans la main droite un couteau pour égorger sans cesse les brebis. » (Homère, *Odyssée.*)

d'allégresse, la religion orthodoxe autorise une coutume que beaucoup de fidèles verraient s'introduire avec plaisir dans leur religion : elle permet à tous ses membres de se féliciter de la victoire du Christ sur la mort et de s'embrasser. Il n'est pas nécessaire de se connaître d'ailleurs. Une belle Grecque vous plaît-elle? Ne perdez pas l'occasion; approchez-vous et annoncez-lui poliment que « Christ est ressuscité » (1). Cette bonne nouvelle la fera tomber dans vos bras... à moins que des parents ou son mari n'y mettent opposition. Dans ce cas, n'insistez pas; les importuns font partie de ces incroyants qui dans toutes les religions, causent du tort à leur culte et à leur Eglise.

Les temps de vigile, ou *sarascoti*, sont très fréquents chez les orthodoxes; les catholiques passaient autrefois en prières les nuits qui précédaient les grandes solennités et ces vigiles étaient accompagnées de jeûnes.

L'Eglise romaine se montre de moins en moins intransigeante pour la non-observation de ces usages et permet souvent de ne pas s'y conformer.

L'Eglise grecque a fidèlement conservé cet héritage de prières, de mortifications et d'abstinences. Le carême surtout est appliqué rigoureusement, les aliments permis sont rares : du pain, des olives et du poisson. L'abstinence ne consiste pas seulement à se priver de viandes ou d'aliments gras; abstinence et continence deviennent ici à peu près synonymes.

L'orthodoxe mortifie ses sens; marié, il renonce aux plaisirs licites qu'il trouve à son foyer; célibataire, il ne s'égare point dans les quartiers réservés aux amours faciles.

Les vertus complaisantes elles-mêmes font pénitence à leur tour; huit jours avant Pâques, elles rentrent leurs

(1) *Christos anesti.*

enseignes, soufflent leurs lanternes rouges et poussent le verrou.

Elles entourent d'une dévotion particulière le tableau des Saintes Images dissimulé dans un coin de leur chambre et devant lequel une veilleuse brûle, nuit et jour; elles vont dans les églises prier au pied de la croix, s'abîmer dans la douleur comme l'antique Madeleine, se frapper la poitrine et pleurer leurs péchés... qu'elles recommenceront demain.

Lorsque les cloches annoncent officiellement que « Christ est ressuscité », tout le monde s'en donne à cœur joie; neuf mois après, accoucheurs et sages-femmes sont débordés de besogne.

CHAPITRE IX

LA FEMME TURQUE

A travers les rues tortueuses de la vieille ville glissent silencieusement de mystérieux fantômes en deuil. Un épais voile noir aux fleurs peintes dissimule mal leur visage et laisse passer le miroitement des yeux; un *milaya* leur couvre la tête. Sous leur ombrelle brodée, aussi sombre que leur voile, ces silhouettes informes (1) s'en vont par groupes nombreux, apeurés pour un rien, couronner les remparts d'un chapelet de points noirs mouvants, telles dans le lointain des bandes de corbeaux perchés sur un vieux manoir en ruines.

Mahomet a interdit à la femme musulmane de montrer son visage à d'autres hommes qu'à son époux; puis, mettant la force et la puissance entre les mains de l'homme, il l'a chargé de veiller à l'exécution de cette prescription. Le musulman, fidèle observateur de la loi religieuse, se charge de faire respecter, à l'aide d'arguments frappants au besoin, la volonté du Maître de l'Heure.

Mais la foi s'en va et si la crainte du mari est le commencement de la sagesse, lorsque le mari est absent et la femme jolie, Mahomet n'a qu'à se voiler la face s'il ne veut point apercevoir celle de l'épouse momentanément affranchie.

L'expérience est facile à tenter. Voici un groupe de femmes s'acheminant lourdement vers la ville; à votre

(1) La loi turque interdit les vêtements trop serrés qui laisseraient deviner la forme du corps.

vue, c'est un abaissement général de voiles... Approchez-vous et servez-leur la phrase sacramentelle : *Vgaldo to milaya, an issé orea.* (Levez votre voile si vous êtes jolie). Aussitôt les plus malicieuses, si aucun Turc n'est en vue, vous dévoileront une figure fraîche, pleine et souriante. Quand personne ne bouge, vous êtes fixé, vous avez à faire à une escouade de vieilles gardes.

En général, la paysanne qui peine à la besogne se voile légèrement ou pas du tout; elle se détourne à votre approche; les vieilles et les laides de toutes les conditions sont impénétrables; les jeunes et les jolies choisissent des voilettes plutôt que des voiles.

La polygamie et le sérail sont un luxe que le bienveillant Mahomet permet à ses fidèles. En Turquie, de riches musulmans usent de la permission du Prophète et épousent quatre femmes. Faut-il les envier ou les plaindre? « Craignez d'être injuste envers vos femmes, dit le Coran; n'en épousez que deux, trois ou quatre. Si vous ne pouvez les traiter toutes avec équité, n'en ayez qu'une; au besoin, bornez-vous à vos esclaves. » Plus loin, le Prophète ajoute : « Vos femmes sont votre champ; cultivez-les toutes les fois qu'il vous plaira!... »

La femme turque, si elle ne peut aller prier à la mosquée (1), n'a pas à se plaindre d'Allah; celui-ci lui a fait la partie belle. Toute vierge qui est épousée par un Turc ayant déjà d'autres femmes a droit à sept nuits consécutives dans la couche conjugale! Plaignons les pauvres maris!

Les musulmans crétois, plus sages ou moins vigoureux, se contentent d'une épouse. Peut-être cette ré-

(1) Le Coran ne permet l'entrée des mosquées qu'aux femmes âgées; jeunes et vieilles fréquentent assidûment les cimetières et entretiennent pieusement les tombes de la famille.

serve est-elle une évocation des mœurs des aïeux, le produit d'un atavisme continué à travers plusieurs générations, car les Turcs sont ici, en majorité, les descendants des chrétiens convertis à l'islamisme, au moment de la conquête musulmane, pour échapper à la persécution.

Confinée dans son appartement, la femme turque n'en sort que pour quelque promenade à la campagne ou quelque visite à des amies. Son mari fait le marché; le boulanger, le laitier, l'épicier viennent frapper à sa porte; une main se glisse dans l'entre-bâillement qui saisit le pain ou le pot de lait et disparaît. Le passant chercherait en vain à apercevoir un visage, ce serait peine perdue.

Le mari lui-même ne peut pénétrer dans l'appartement de sa femme lorsque celle-ci reçoit des visites. « Aucun homme, à moins de cesser de l'être », ne peut franchir le seuil du harem d'une femme dont il n'est pas le proche parent.

La loi religieuse s'introduit indiscrètement dans les alcôves; elle prescrit et conseille, tolère et défend. Elle permet au mari de voir sa femme nue; mais elle lui recommande en même temps de ne pas fixer « ses regards sur toutes les parties du corps exposées à sa vue ».

Mahomet a intercalé là une clause bien délicate et s'il a le don, du fond de son paradis, d'apercevoir tout ce qui se passe sur la terre, on s'imagine facilement qu'il doit froncer quelquefois son immense sourcil!

Restée un peu grande enfant, la femme turque se laisse distraire par une bagatelle; elle s'extasie devant une futilité; un phonographe la ravit.

Dans ses promenades, ses visites, elle n'est pas accompagnée de son mari; la nuit, un Turc précède toujours chaque groupe de femmes dans les rues et il éclaire la marche avec un immense fanal qu'on dirait avoir été enlevé à quelque réverbère municipal.

Nouer une intrigue avec une femme turque, quand elle n'est pas hospitalière contre rétribution, est à peu près impossible,

> Si triomphant que le monde vous sache,
> Et si terrible aux cœurs que soit votre moustache.

Les Turcs sont de farouches Cerbères et ils se prêtent un mutuel appui; la religion menace de supplices terribles en enfer le crime d'adultère, auquel elle refuse toute expiation sur la terre.

« De réelles bonnes fortunes avec d'authentiques mahométanes sont rares et malaisées. Il faut d'abord être du pays, ou tout au moins l'avoir bien étudié; être au courant des usages; la connaissance de la langue est très utile, sinon toujours indispensable; mais, avant tout, l'on doit être mystérieux, habile, prudent et discret. Le proverbe turc dit en effet : « Celui-là sera l'amant qui sait marcher sur la neige sans laisser de traces (1). »

Dans ces peu nombreuses occasions, la femme turque se révèle, paraît-il, maîtresse tendre, sentimentale et voluptueuse, mais jalouse à l'excès.

Une beauté turque n'est ni piquante, ni troublante; en revanche, s'il n'y a pas la qualité, généralement on y trouve la quantité : ceux qui ne détestent pas une certaine plénitude opulente de formes trouveraient là un large choix.

« La vie qu'elles mènent, leur insouciante oisiveté en font des beautés molles, lentes, un peu lourdes; nul souci ne ride leur front blanc. La Turque ne sort jamais par hygiène, pour prendre de l'exercice, pour marcher, pour respirer l'air pur; elle ignore, en un mot, l'aimable

(1) Doris, *La Femme turque*.

sport, si féminin pourtant, de la promenade; elle se traîne, elle erre lentement et apporte en ses flâneries comme une langueur de convalescente. Il semble que tout mouvement soit interdit à la femme dans le pays des divans, des coussins et des tapis (1). »

Mahomet lui prescrit des bains nombreux et lui fait une obligation de considérer comme une tare et une impureté la discrète et mystérieuse parure dont la puberté vient la fleurir. Ce farceur-là y fait passer le rasoir !...

Mariée très jeune, quelquefois avec un vieux barbon, passant presque sans transition de l'enfance à la maternité, la femme turque est prédisposée à vieillir.

Son consentement au mariage n'est pas nécessaire; on le lui demande généralement, mais on s'en passe aussi. Dans ce pays où les entreprises de mariages et les offres et demandes des quatrièmes pages des journaux ne sont pas encore à la mode, ce sont de vénérables matrones, parentes du jeune homme, qui font la chasse à la femme. Une fois l'oiseau rare trouvé, le fiancé n'a qu'à recommander son âme à Allah et fermer les yeux; le voile couvre du même inquiétant mystère la beauté et la laideur et si, dans son incertitude, l'épouseur n'use de quelque tricherie, de quelque habile stratagème, la surprise pourra ne pas être toujours agréable ! Ses bras se refermeront peut-être sur quelque affreux laideron !

Mais il est des accommodements avec le ciel: un médecin, une amie peuvent parler; une fente, dans une porte, permet parfois des regards bien indiscrets, de sorte que sans avoir vu sa fiancée le jeune Turc la connaît tout de même et, dans certains cas, sous toutes ses faces. Qui se sent le courage d'épouser une femme sans l'avoir jamais vue lui jette la première pierre.

(1) Doris, *La Femme turque*.

Il est vrai que le divorce est assez facile; il suffit que le mari mécontent dise à sa femme devant témoins : « Je te répudie » par trois fois. L'iman prononce le divorce. Quant au motif de la répudiation, l'époux n'est *pas tenu* de le faire connaître; mais, son mariage dissous, le divorcé ne peut en contracter un second avec son ancienne femme... avant qu'elle ait appartenu à un nouveau mari.

« En somme, la femme turque est tenue en sujétion et condamnée à une condition d'infériorité indiscutable de par la passivité qui lui est imposée; elle voit sa situation, son caractère même varier selon la ville et le quartier et selon l'éducation, la fortune de son maître, bien qu'au fond elle soit toujours esclave des mœurs ancestrales et tyranniques auxquelles elle obéit depuis des siècles (1). »

---

(1) Doris, *La Femme turque*.

CHAPITRE X

LES PALIKARES

Les palikares sont les Crétois pur sang, les hommes des montagnes que les Vénitiens et les Turcs n'ont pu dompter, les insurgés qui ont pris le fusil à toutes les occasions et dont la rude énergie ne s'est point émoussée au contact des étrangers. Pendant sept siècles ils se sont dérobés devant leurs vainqueurs; ils ont fui les plaines faciles à l'invasion et se sont retirés au fond de leurs gorges sauvages dans de misérables villages parsemés de ruines. Ils ont voué une haine implacable et farouche aux ennemis de leur foi et de leur liberté et l'on peut lire sur les boulets vénitiens du Konak les dates des huit ou dix révoltes que le dernier siècle a vues échouer dans les incendies et les massacres (1770, 1802, 1821, 1840, 1858, 1866, 1878, 1897).

A travers les âges, cette race primitive n'a cessé d'aspirer à l'union avec la nation grecque, qu'elle a toujours appelée, qu'elle appelle plus que jamais « la mère-patrie ». Pour échapper à la domination turque, elle était prête à toute heure à verser son sang. La grotte de Mélidoni, près de Rethymo, conserve encore les restes de 300 chrétiens que les Turcs y asphyxièrent par des vapeurs de soufre en 1824. Sur l'ossuaire qui a recueilli les cendres de ces martyrs de l'indépendance, une pierre redit leur dernier cri : « La mort plutôt que l'obéissance aux hérétiques. »

Les événements qui se passent en Grèce ont leur écho en Crète. Athènes a inondé l'île de juges, de magistrats, de journalistes, de médecins, de pharmaciens, d'ingénieurs, de bureaucrates; elle distribue à profusion aux écoles des cartes des pays helléniques dans lesquelles la Crète figure toujours comme territoire grec; les photographies de la famille royale s'y sont popularisées; l'idée grecque, propagée par la presse, a cheminé.

Dernièrement une souscription nationale a été ouverte par Georges Ier pour aider le pays à augmenter sa flotte de quelques unités. La Crète a apporté son obole; sa gendarmerie a versé 6.000 francs.

Pour bien connaître les palikares, c'est dans les villages de la montagne qu'il faut aller les étudier. Ces villages ne sont accessibles que par de mauvais sentiers qui gravissent en mille zigzags les pentes dénudées et qu'il est bien facile de défendre, le cas échéant. Quelquefois, le sentier n'est que le thalweg pierreux d'un torrent qui descend en cascades. « Pendant les pluies, quand les ravins sont remplis par l'eau grondante, toute communication est interrompue; on dit que la porte est fermée. Tel est le défilé d'Hagio-Rouméli, sur le versant méridional des monts Blancs; quand les nuages menacent de s'écrouler en averses, on n'ose s'engager dans l'étroite gorge, de peur d'être surpris et emporté par le torrent (1). »

Les hameaux n'ont point l'aspect riant de nos petits villages des Alpes ou des Pyrénées. Pas de coquettes maisons blanches qui se perdent dans un parement de verdure à travers lequel apparaît, de-ci de-là, un toit de tuiles rouges ou d'ardoises moussues!

De loin le voyageur découvre un amas confus de bâtisses et de roches grisâtres, de ruines semées d'arbustes et d'arbres rabougris. N'était la régularité des arêtes, on confondrait ce chaos de misérables constructions avec le rocher voisin d'où la pioche patiente a mis des siècles à le tirer. Bâties au hasard du terrain et des cir-

(1) Elisée Reclus.

constances, avec de la terre et des pierres, les maisons n'ont ni étage, ni toit. Des terrasses rectangulaires les couronnent et leur donnent l'aspect d'énormes blocs cubiques. Tout est gris : la nature, les habitations et les gens. Hommes et femmes sont hâves, sales et déguenillés.

Aux jours d'été, sur les maisons et autour du village, des femmes vannent un maigre grain noirâtre tandis que, sur les aires, tournent des vaches et des ânes.

Inhabitué au bien-être, le palikare est extrêmement sobre et vit de peu. Il se loue comme berger pour quelques sous par jour et, à la belle saison, émigre avec son troupeau sur les sommets des montagnes. Pendant cinq et six mois il erre de pic en pic, de cabane en cabane, et ne descend que rarement au village le plus rapproché pour quelques maigres provisions. Du pain et du laitage constituent son menu habituel ; quand il a soif, il creuse de sa houlette le glacier voisin et y puise une poignée de neige. Comme il ne trouve point sur ses hauteurs de salons à fréquenter, il ne se met guère en frais de toilette : avec sa barbe hirsute et noire, son nez camus, ses yeux vifs et malicieux, ses cheveux d'ébène hérissés, il évoque le souvenir des anciens Satyres, lascifs guetteurs de nymphes, et l'on s'attend presque à voir apparaître, sous son manteau rapiécé, des jambes velues et des pieds de bouc.

Comme le Pan de la mythologie, « il marche çà et là parmi les halliers et du haut d'un pic extrême contemple ses brebis; souvent il court sur les chaînes de montagnes chenues, souvent il côtoie le pied des collines; quelquefois seul, sur le soir, excité par la Muse, il chante en jouant du chalumeau, ayant mis ses lèvres humides à ses pipeaux assemblés » (1).

(1) Hymne homérique.

Mais si les nymphes autrefois dansaient en chœur d'un pied léger autour du dieu rustique des bergers, notre pipeur hirsute n'a plus la bonne fortune de charmer des divinités champêtres. L'écho des vallées, les rochers et la solitude seuls l'écoutent encore. Son troupeau ne comprend pas ses accords; tandis qu'il égrène les notes grêles du chalumeau, la brebis bêlante va chercher un peu de fraîcheur sur la neige d'un glacier, la chèvre capricieuse grimpe sur quelque rocher à pic pour y brouter une touffe de bruyère et le porc à demi-sauvage laboure de son groin le sol rocailleux, à la recherche de racines juteuses.

Le soir, lorsque son troupeau a été enfermé dans quelque *petrocorta* (1), le berger ne court pas les sentiers de la montagne en quête d'un gîte. Derrière un buisson ou dans le creux d'un rocher il étend son manteau, se fait un oreiller d'une pierre et s'endort en regardant les étoiles.

Ses frères, les palikares de la plaine, ne sont pas plus sybarites que lui; ils ne recherchent pas davantage les lits semés de roses; au beau temps, ils adorent coucher dehors. Tantôt roulés dans une couverture, ils s'allongent devant le seuil de leurs demeures; tantôt ils garent une table sous un auvent et la transforment en couchette. D'autres fois ils appliquent une échelle contre la façade de leur maison, montent sur le toit et s'aménagent dans sa déclivité un lit sommaire à peu de frais.

La nature est clémente pour eux, les nuits d'été sont douces; « l'hiver, tueur de pauvres gens », réserve ses rigueurs pour d'autres pays et, parmi les averses qu'il leur prodigue, leur apporte de délicieux étés de Saint-Martin.

---

(1) Enclos de pierres sèches.

La neige se réfugie sur les hautes montagnes et s'y conserve pour la saison des chaleurs. Des palikares montent alors jusqu'à elle, en chargent des monceaux sur leurs ânes et dégringolent pendant la nuit vers les villes du littoral où ils apportent un peu de fraîcheur.

Dur à la fatigue, marcheur intrépide, chasseur infatigable, le palikare est un peu fruste et un peu sauvage, jaloux à l'excès de son indépendance et foncièrement croyant. De sérieux efforts ont été tentés naguère pour l'instruire et apporter un peu de lumière dans les ténèbres de l'ignorance et de la routine où il semble se complaire. Mais quand il sera instruit, policé, qu'il connaîtra les bienfaits de la civilisation et aspirera au bien-être, un autre homme s'éveillera en lui, le palikare aura vécu.

CHAPITRE XI

UN PEU D'ÉCONOMIE RURALE

On dit communément dans nos campagnes que l'agriculture manque de bras; en Crète, les bras ne font pas défaut; le paysan paraît robuste et vigoureux, mais il demeure de longues heures inactif. Aussi, que de terrains incultes! Que de ressources perdues! Plaines et coteaux produiraient d'abondantes récoltes si l'homme, au lieu de tout attendre de la nature, aidait et développait son œuvre par un travail et une culture bien entendus. Jusqu'ici les révoltes successives, le brigandage, l'absence de voies de communication, le manque de capitaux ont paralysé tous les efforts et découragé toutes les initiatives.

Sous la domination turque les indigènes ont désappris le laborieux travail des champs et Virgile a beau affirmer que les laboureurs seraient trop heureux s'ils connaissaient leur bonheur, ils n'en croient rien et traitent le vieux poète de radoteur; à l'outil pacifique qui creuse le sol, ils préféraient naguère le poignard homicide ou le fusil meurtrier. On leur a pris leurs armes, ils se sont résignés, c'était écrit; ils en ont racheté d'autres, mais ils n'ont pris ni la pioche ni la charrue.

Le voyageur qui parcourt les campagnes rencontre à chaque pas des ruines abandonnées, des fermes incendiées, des villages à demi détruits. Le fer et le feu ont fait leur œuvre et les modernes Vandales qui ont ainsi marqué leur passage n'ont pas eu besoin de semer du sel sur ces décombres pour empêcher les maisons détruites de renaître de leurs cendres. Souvent, dans un village qui fut plein de vie il y a vingt ans, au milieu de murs éventrés et noirs, parmi des amas de pierres calcinées qui encombrent d'anciennes cours et d'hypothétiques jardins disparus, dans un cadre plein de désolation et de tristesse, apparaît brusquement, au détour d'une rue, un cafeneion fleuri dont la large terrasse est encombrée de *coubaris*. Un toit rustique de feuillage protège les consommateurs contre les ardeurs du soleil d'été; le café turc fume dans les tasses minuscules; le narghileh déroule en frissonnant ses anneaux scintillants et, dans un coin, la voix chevrotante d'un éphèbe nasille une vieille chanson du pays. Des rires sonores et des éclats de voix couvrent de temps à autre la mélopée monotone qui traîne indéfiniment.

Cette gaieté au milieu de ces ruines étonne quelque peu l'étranger. C'est que le cœur des Crétois ne saigne pas devant les blessures faites à leur patrie. Si vous leur demandez pourquoi ils laissent leurs hameaux en ruines et leurs champs en friche, ils vous répondront : « Nous attendons les indemnités. »

Lorsque, après l'insurrection de 1897-98, les Crétois furent invités à présenter leurs réclamations et à faire connaître les dommages qu'ils avaient éprouvés, longue et importante fut la liste qu'ils remirent aux délégués des puissances. Du coup, l'île avait, pour le moins, quadruplé de valeur; comme les indigènes étaient eux-mêmes les auteurs de leurs misères dont on allait les dédommager, ils durent se dire qu'il n'y a rien de tel comme une bonne petite insurrection pour ramener la prospérité dans le pays et mettre du beurre dans les épinards. Les puissances protectrices, après avoir un peu fait la sourde oreille, consentirent à desserrer les cordons de leur bourse et à prélever un million sur leur budget.

Vouloir satisfaire les exigences crétoises, autant essayer de remplir le tonneau des Danaïdes. Les caisses publiques sont vides (1) et on devine la tête que vont faire les insulaires lorsqu'ils seront invités à se présenter aux agents du fisc non point pour palper les quelques douzaines de napoléons qu'ils ont demandées, mais pour acquitter un impôt qui devient de jour en jour inévitable.

Qu'il soit Turc ou Grec, l'indigène est fataliste et ne désespère jamais. Comme la nature se montre bonne mère pour lui, il se conduit en bon fils à son égard et ne la tourmente guère.

Sur ces mêmes rivages verdissaient, il y a trois mille ans, de grandes forêts de cognassiers. Homère, qui goûta probablement la confiture de coings du pays, s'empressa de chanter sur sa lyre la ville de Kydonie, ses fruits et son miel.

Les cognassiers ont fait place aux oliviers; dans les vallées et les plaines, partout où a été déposé naturellement un humus fertile, ces arbres ont poussé rapidement, sans culture et sans émondage; leur végétation luxuriante dépasse de beaucoup celle de leurs congénères dont la croissance chétive et rabougrie attriste les collines de la Provence et du Languedoc.

Les olives sont de plusieurs espèces : petites et noires ici, vertes et charnues plus loin, les unes tombent dès le commencement de l'automne, d'autres voient éclore les primevères. Et c'est pendant cinq à six mois un défilé continuel de femmes et d'enfants parmi les olivettes. Tandis que les maris s'en vont au marché, à la mosquée ou au café, leurs épouses et leurs filles, par groupes de dix ou quinze, se dirigent, précédées de gamins juchés sur des ânes, vers les champs lointains d'où elles ne reviendront qu'à la nuit. Le travail n'est point pénible,

(1) Pour comble de malheur, le caissier de la douane leva le pied en août 1904, après avoir bourré ses poches de quelques liasses de billets de banque.

mais les glaneuses ne se laissent point distraire; un promeneur vient-il à passer à côté d'un chantier, il n'aperçoit que des formes accroupies, des dos qui oscillent, des bras qui s'allongent, des mains qui se hâtent.

Lorsque, dans son exil, Mignon pleure le « pays où fleurit l'oranger », sa pensée ne s'envole pas vers les rives lointaines de Crète; pourtant il existe là-bas des bosquets qui évoquent le souvenir des jardins des Hespérides. Parmi le feuillage éternellement vert des orangers s'épanouissent des fleurs blanches ou purpurines au parfum délicieux; les fruits semblent emprunter aux rayons du soleil leur belle couleur dorée. Certaines oranges précoces, sous une peau encore verte, offrent un rafraîchissement agréable d'une saveur peut-être un peu trop douce; quant aux mandarines, elles laissent bien loin derrière elles ces fruits aigrelets enveloppés de papier de soie que Blidah a mis à la mode et dont elle inonde nos marchés; elles ont un goût de miel aromatisé de musc qu'on ne retrouve point ailleurs et qui en fait un dessert exquis.

Les vignes, peu nombreuses, sont fort mal soignées; elles donnent cependant quelques produits estimés; mais pour les Crétois, raisin et résine sont parents, l'un ne va pas sans l'autre; ils les marient au pressoir et cimentent l'union avec du plâtre de sorte que d'excellents muscats produisent un vin désagréable, horriblement plâtré et résiné.

Autour de la Canée, les fossés des remparts ont été transformés en potagers; huit mois sur douze, l'on entend jour et nuit le martellement précipité des norias qu'activent des mules dociles.

Les légumes et les herbes tiennent une place importante dans l'alimentation des Crétois : courgettes, tomates, piments, aulx, oignons, concombres, radis et betteraves constituent le fond immuable de leur nourriture. Il est encore un autre légume appelé corne, qui n'a rien du fruit du cornouiller et qu'on prise fort dans l'île. Ce petit légume charnu sert à confectionner le haricot de mouton à la mode du pays. Les indigènes font leurs délices de ce plat national; il leur faut un goût particulier et un estomac bien dressé pour trouver appétissant un ragoût qui ressemble étrangement à de la colle de menuisier dans laquelle on aurait jeté quelques morceaux de caoutchouc — de *gustibus non est disputandum*.

Les conditions nécessaires à l'élevage des races bovines ne se rencontrent pas dans ce pays où le régime des eaux est fort inégal et les prairies très rares. En revanche, chevaux et mulets sont nombreux; sobres et endurants, les chevaux du pays escaladent sans hésitation les pentes les plus raides et sont à l'aise dans les sentiers les plus difficiles. Leurs maîtres ne les harnachent pas très luxueusement. Souvent on voit des gamins de 8 à 10 ans sauter à cheval avec une souplesse de singe et, sans autre selle que leur fond de culotte, sans autres rênes qu'une mauvaise ficelle, lancer leurs montures au galop sur les pavés en les activant de leurs jambes nues; les bêtes ne font jamais un écart.

Les meilleurs clients des loueurs de chevaux se recrutent parmi les marins. Dès qu'il a largué la cambuse et mouillé l'ancre sur le plancher des vaches, tout matelot se révèle cavalier; quelle que soit sa nationalité, même goût inné pour l'équitation. Son bateau file de 12 à 15 nœuds à l'heure, lui ne saurait donc admettre une allure lente; il considère le trot comme un pis-aller, le galop seul le satisfait. Le long de la route de la Sude à la Canée, il fait des prodiges de vitesse, ne ménageant à son cheval ni les cris, ni les coups; les promeneurs ont à peine le temps de se garer sur le passage de ce bolide.

Dans leurs relations d'affaires, dès qu'intervient la question argent, les Crétois ont beau prodiguer leur parole d'honneur, ils ne méritent qu'une demi-confiance. Leur réputation est faite depuis longtemps. Epiménide, leur compatriote, les appelait, il y a vingt-cinq siècles : « Grecs parmi les Grecs, menteurs parmi les menteurs. » Ils rendraient des points aux Normands les plus madrés.

Toujours à l'affût d'une bonne affaire, ils ne veulent pas se soumettre à la tyrannie du prix fixe. Pas besoin d'être connaisseur pour affirmer, dès qu'ils évaluent un objet à vendre : *Poli akrivo!* (c'est trop cher!). Le prix est calculé d'après la tête de l'acheteur Quand on fait une emplette, il faut offrir à un Turc la moitié de ce qu'il demande, le tiers à un Grec, le quart à un Juif. Si le Grec est en même temps Juif, oh ! alors...

Le peuple crétois retarde sur le siècle; il paraît avoir dormi pendant que les autres avançaient à grands pas dans la voie du progrès; jaloux à l'extrême de son indépendance, il préfère s'en tenir à la vieille routine plutôt que de devoir une amélioration à l'étranger. La vapeur a mis soixante-dix ans pour arriver en Crète : elle active un rouleau sur la route de la Sude.

Aujourd'hui l'île n'est pas plus prospère qu'il y a un siècle; dans sa lutte pour la conquête de la liberté, son peuple n'a peut-être pas eu le temps de s'instruire et de travailler. Un vieil ancêtre grec, Ulysse, erra dix ans à travers les mers avant de pouvoir regagner sa patrie; aujourd'hui les palikares, après bien des péripéties et des drames sanglants, touchent déjà au port. La paix leur laisse des loisirs; en profiteront-ils pour faire lever d'abondantes moissons ou pousseront-ils demain encore leur éternel cri de guerre?... Attendons-les à l'œuvre pour les juger.

CHAPITRE XII

CONCLUSION

La situation que l'Europe créa à la Crète en 1898 est unique au monde.

Voici un pays qui n'est ni indépendant, ni vassal, ni neutre; sa constitution n'en fait ni une royauté, ni un empire, ni une république. Théoriquement il se trouve placé sous la suzeraineté du Sultan et ce dernier n'a même pas le droit d'y déployer son pavillon. Le peuple qui l'habite, de pure essence grecque, revendique hautement son origine et on ne lui reconnaît que sa qualité de Crétois; un prince grec, son chef, est obligé de s'opposer aux aspirations de ceux qui luttent pour la nationalité grecque. Des étrangers, des exotiques se posent en tuteurs d'une race qui demande à cor et à cri qu'on la rende à la mère-patrie. Les Grecs se croient encore ici en pays turc, les Turcs y sont traités comme en pays grec; il n'y a que les Anglais, les Français, les Italiens et les Russes qui s'y trouvent à l'aise, tout comme chez eux.

Cet état de choses, que depuis sept à huit ans on s'obstine à appeler « provisoire », durera-t-il longtemps?

Les Crétois n'en sont point encore arrivés, comme nous, à affirmer que le provisoire seul a la vertu de durer. « Parlez donc français, nous diraient-ils volontiers, et entendons-nous une bonne fois. La situation que vous nous avez faite, ô puissants protecteurs, est-elle précaire ou définitive? Dans notre course à la conquête de la liberté, est-elle une halte ou un arrêt final?

Si c'est une halte, elle a assez duré, nous sommes reposés, nous voulons repartir. Est-ce une fin de parcours? Nous ne l'acceptons pas ainsi; plus noble est notre but et, pour l'atteindre, nous passerons par-dessus les barrières et les obstacles que vous sèmerez sur notre route. Nous sommes las de la liberté que vous nous octroyez si généreusement, nous la croyons excellente chose; mais l'annexion

Serait bien mieux notre affaire! »

L'annexion! C'est le palladium qui réunit tous les suffrages. L'enfant grec de Chio ne voulait que de « la poudre et des balles »; le Crétois, plus pratique, acceptera en passant « fleurs, beaux fruits et l'oiseau merveilleux »; mais l'*enosis* seule pourra maintenant le satisfaire.

Ce n'est pas que l'entente soit parfaite dans le camp orthodoxe. La révolution actuelle est l'œuvre d'un parti.

Tant que les Turcs régnaient en maîtres sur le pays, les chrétiens formaient un bloc solide qu'aucun élément de désagrégation ne pouvait entamer. L'ennemi parti, finie l'entente.

Une orientation gouvernementale vers l'absolutisme provoqua d'abord quelque étonnement et de discrètes et respectueuses protestations; puis ce furent des vexations ridicules de la part des détenteurs du pouvoir, une politique tatillonne, des appétits et des convoitises, enfin des mesures de réaction (1). Au commencement de 1903, la scission était déjà complète et le fossé allait se creusant tous les jours davantage entre le gouvernement et les libéraux.

---

(1) La liberté de la presse n'existe pas. Le Haut-Commissaire nomme dix députés sur une soixantaine dont se compose la Chambre. Une loi votée en 1903 lui a donné le droit de nommer les municipalités (maires et conseillers).

Les réclamations de l'opposition laissèrent plus qu'indifférents les ministres du prince Georges; les réformes et les améliorations demeurèrent à l'état de projets; l'Europe protectrice ferma les yeux; les caisses publiques continuèrent à se vider; les droits d'exportation et d'importation grevèrent de plus en plus les habitants des campagnes obligés de vendre leurs produits à vil prix et de faire leurs achats *poli akrivo* (1).

Naturellement le prince Georges fut rendu, à tort ou à raison, responsable des difficultés financières et de la misère publique.

Et les Crétois mécontents se dirent : « Nous payons 200.000 francs par an le bonheur d'être gouvernés par une Altesse Royale; nous n'en avons pas décidément pour notre argent. Changeons d'Altesse, peut-être serons-nous plus heureux dans notre nouveau choix. »

De là une démarche tentée en 1904 par un pamphlétaire de l'opposition auprès du prince Nicolas, troisième fils du roi de Grèce, pour le prier d'accepter le mandat de Haut-Commissaire.

Ce fut une mauvaise inspiration; les fils et parents de rois n'ont pas toujours de l'ambition; le prince Nicolas, nouveau Lycurgue, refusa le présent en songeant peut-être à cette sage parole du vieux Laocoon :

Timeo Danaos et dona ferentes!

Mieux avisés, les Crétois auraient pu réaliser une opération excellente. On voit depuis longtemps se promener, à travers l'Europe, un empereur errant, généreux et incompris. La capitale de son empire, il l'a précisément baptisée Troja. De tout ce que l'on connaît d'elle — son nom! — émane un parfum d'antiquité qui fait songer involontairement à l'antique Ilion au-

(1) Très cher.

tour de laquelle s'immortalisèrent les Crétois d'Idoménée.

Jacques Ier, choisi par les Crétois, aurait été baptisé Minos B ou Priam II et les insurgés ne tiendraient pas actuellement la montagne.

Pour avoir été imprévoyant et présomptueux, le journaliste paya son audace de sa liberté et il fut jeté en prison pour crime de lèse-majesté.

Les chefs de l'opposition demandèrent une audience au prince pour lui exposer les doléances du peuple. L'accueil qu'on leur fit à Halépa ne fut ni morne, ni froid. Le prince, vibrant de colère et d'indignation, aurait interrompu brutalement les délégués; il se serait servi à leur égard de termes malheureux et aurait laissé échapper des expressions offensantes. Quelques jours après, des journaux grecs rapportèrent l'incident que s'empressa de démentir, par ordre de Son Altesse Royale, l'aide de camp de service (1).

Nous voici en août 1904.

Le prince Georges, touchant à la fin de son deuxième mandat, allait redemander aux cabinets européens la fin de son exil (2) et le rattachement de l'île au pays grec.

En la circonstance, les partis déposèrent un instant leurs haines pour rivaliser de patriotisme. L'opposition vota un ordre du jour proclamant que « l'annexion définitive et complète pouvait seule résoudre la question crétoise et empêcher les dangers imminents qu'apporterait au pays l'état de choses actuel s'il était prolongé. »

---

(1) Les délégués ne purent protester contre ce démenti; le code punit d'emprisonnement les citoyens qui arguent de faux une affirmation du prince.

(2) « Il n'y a que deux hommes, dit un jour le Haut-Commissaire, qui aient été dans une position pareille à la mienne : Napoléon et Dreyfus ! »

des gouvernementaux adoptèrent la résolution suivante :

« Le peuple crétois déclare qu'il est prêt à se soumettre sans hésitation à tous les sacrifices pour la complète réalisation de ses espérances, qu'il a toujours considérée comme son unique raison d'être.

» A grands cris, la Crète accompagne son auguste prince en Europe. Peut-être est-ce *la dernière fois que le peuple crétois manifeste pacifiquement ses sentiments;* c'est pour cela que nous nous unissons en un seul cœur et en une seule voix; devant la question nationale, nous oublions les inimitiés personnelles; nous déclarons le *statu quo* inacceptable. La seule fin admissible de nos longues luttes, le seul remède à nos maux est la réunion à la mère Grèce. »

Le prince Georges ne pouvait pas demeurer en reste de politesse; avant de quitter la Crète, il y alla de sa proclamation :

« Crétois ! C'est avec la plus vive satisfaction que j'ai reçu les résolutions par lesquelles vous avez une fois de plus manifesté si chaleureusement vos inaltérables aspirations pour l'accomplissement de vos vœux séculaires.

» Depuis le moment où j'ai accepté la mission sacrée qui me fut dévolue, je n'ai cessé de m'efforcer de démontrer la nécessité d'accomplir ces vœux. Et maintenant, c'est avec la même ardeur que par le passé que je me ferai l'interprète de vos sentiments pour l'union avec la mère-patrie; je plaiderai en faveur de la réalisation de vos vœux par ceux qui en ont déjà reconnu la légitimité et qui ont entouré la Crète d'une si grande bienveillance.

» Mais, pour attirer les sympathies des puissances, pour faciliter mon œuvre et pour atteindre au but souhaité, vous devez vous montrer dignes de l'estime que vous vous êtes acquise en continuant à observer sans dévier, pendant mon absence, la conduite loyale qui vous a jusqu'ici distingués et en attendant, dans un ordre et une union exemplaires, la décision des hauts protecteurs de l'île.

» J'espère que votre sincère patriotisme et le but sacré que vous poursuivez vous maintiendront inébranlables dans la réalisation de ce suprême devoir. »

Donc, un beau jour, le Haut-Commissaire mit la clef sous la porte et s'en fut à travers l'Europe présenter ses doléances aux gouvernements protecteurs.

C'était pendant l'automne de 1904; la guerre russo-japonaise battait son plein. On sait quel fut le résultat des démarches du prince.

Sur quelles raisons urgentes ce dernier pouvait-il appuyer sa demande d'annexion? La situation peu prospère de l'île?... A peindre cette situation sous de sombres couleurs, ne se serait-il pas accusé lui-même, n'aurait-il pas incriminé sa propre administration? Et n'aurait-on pas pu lui répondre d'essayer quelques réformes, de pratiquer quelques épurements, et de ne pas fermer complètement l'oreille aux revendications populaires? — Le vœu unanime des Crétois?... C'est évidemment un argument de valeur, mais d'importance secondaire parmi les graves préoccupations de l'heure présente. L'Europe tourne anxieusement ses regards vers l'Extrême-Orient; elle ne veut pas se poser de nouveau à elle-même, pendant que son attention est concentrée ailleurs, cet important problème de la question d'Orient qui lui a causé tant d'ennuis et qui demeure toujours comme un point noir menaçant à l'horizon politique.

Décidé à brusquer les événements, le prince Georges aurait annoncé, en cas d'échec de sa mission, son inten-

[illegible]

[illegible] s'attira de la part d'un chef d'État [illegible] gneur ! voilà des paroles qu'il ne faudrait [illegible] souvent. »

Le *statu quo*, malgré toutes les instances [illegible] cations, demeura maintenu (1).

Pouvait-il apaiser les colères qui se devinaient [illegible] peu partout et ramener la paix définitive?

Nul besoin d'être un Nostradamus de la diplomatie pour prédire dès lors le contraire. Les mécontents n'ayant rien à espérer ne dissimulèrent plus qu'ils attendaient le retour de la belle saison pour lever l'étendard de la révolte.

Ceux d'entre nous qui déconseillaient pareille aventure, les promoteurs du mouvement les renvoyaient à l'étude de notre histoire.

« Votre Convention nationale, répondaient-ils, n'a-t-elle point déclaré que lorsque le corps social ou lorsqu'un des membres du corps social est opprimé, l'insurrection est pour le peuple et pour chaque portion du peuple le plus sacré des droits et le plus saint des devoirs? »

Un homme précipita la marche des événements : le conseiller et secrétaire du prince Georges, S. Exc. Papadiamantopoulo.

D'aspect peu sympathique, le visage sévère, les traits durs, l'*alter ego* du Haut-Commissaire s'est rendu insupportable à la majorité de la population crétoise et

(1) « Est-ce à vous, Français, nous disait un indigène, sincère ami de notre pays, où il avait fait ses études, est-ce à vous à protester contre le vœu, la volonté unanime d'un peuple malheureux? Avez-vous donc oublié l'Alsace et la Lorraine? Et ne savez-vous plus entendre l'appel des faibles qu'on opprime?... »

[illegible] regard est fuyant, son allure guindée; l'Excellence affecte d'être saluée la première et ne daigne pas toujours répondre aux petites gens.

Le prince Georges est un partisan convaincu de la monarchie de droit divin; son conseiller a su habilement flatter ses sentiments. Au nez et à la barbe des consuls protecteurs, il a su guider la barque du gouvernement selon les secrets désirs de son maître; il a poussé celui-ci dans une voie où l'opposition libérale ne l'a pas suivi et ne pouvait pas le suivre. C'est lui qui a rendu illusoire le suffrage universel, qui a fait attribuer au prince le droit de nommer les municipalités; il a peuplé l'administration de ses créatures venues de Grèce; il s'est acharné contre les chefs de la minorité, en a fait emprisonner un certain nombre, en a ruiné d'autres. Ses conseils ont considérablement refroidi les relations du Haut-Commissaire avec certains consuls.

Un des rares fonctionnaires crétois qu'il n'avait pas encore remerciés disait de lui : « Cet homme est le plus grand ennemi de notre pays. »

En face de cette « Eminence grise » toute-puissante, s'est dressée une trinité de chefs intelligents, énergiques et profondément patriotes : nous avons nommé Venizelos, Foumis et Manos.

Parmi les populations ignorantes de l'île, au milieu de ce peuple profondément religieux et impatient du joug de l'étranger, ces trois entraîneurs d'hommes ont eu la bonne fortune de gagner l'entière confiance de leurs compagnons de lutte, tout en portant quelquefois de rudes coups aux ministres du culte et en donnant, à

[illegible]

En 1898, lorsque la jeune Crète essaya ses premiers pas sur le chemin de la liberté, la reconnaissance du peuple appela les premiers à l'honneur ceux qui avaient été les premiers et les derniers à la peine. [illegible] Crétois choisirent les plus dignes d'entre eux pour servir de conseillers et de confidents au prince Georges. Venizelos fut à la fois Ministre de la justice, de l'intérieur, des cultes et de l'instruction publique; Foumis prit la direction des finances; quant à Manos, la confiance de ses concitoyens le plaça à la tête de la municipalité de la Canée.

Tout était à organiser dans l'administration et le gouvernement.

Travailleur infatigable, doué d'une volonté de fer et d'une très vive intelligence, Venizelos se mit courageusement à l'ouvrage. Ses études antérieures lui avaient acquis le premier rang parmi les avocats et les orateurs de son pays; il joignait à une connaissance approfondie des lois et des institutions humaines une éloquence persuasive et entraînante.

Grand, mince, le teint mat, le visage encadré par une barbe en broussaille, le front découvert, les cheveux grisonnants aux tempes, Venizelos semble au premier abord timide et froid. Il cache ses yeux bleus derrière les verres cerclés d'or de ses lunettes et son regard en est adouci.

Mais voyez cet homme à son banc d'avocat ou sur une tribune improvisée : son visage change, son teint s'anime, ses yeux brillent et de sa bouche, expressive même quand il se tait, s'échappent des paroles enflammées. La langue grecque aux sonorités si harmonieuses, aux périodes si nombreuses et si variées, il la manie en maître, avec un art consommé ! En ce pays où fleurit [illegible] ses collègues de la première heure, il eut doté sa petite patrie d'institutions sages et d'une administration honnête, on le remercia et on le renvoya à son office d'avocat.

Et maintenant encore les lois et ordonnances contresignées par Venizelos régissent le pays crétois.

Son œuvre, si elle reste debout, a subi des atteintes sérieuses; des mains profanes en ont élagué les dispositions trop libérales. De nouvelles lois ont peu à peu arraché au peuple toute participation au gouvernement, toute gestion de ses affaires, tout contrôle et toute influence. C'est en défendant son œuvre *unguibus et rostro* que Venizelos a encouru l'amende et la prison. Le fisc a vendu ses terres et les finances crétoises ne s'en sont pas enrichies; l'évêque orthodoxe de la Canée — dont la vertu, comme la femme de César, ne doit pas être soupçonnée — a obtenu son incarcération à la Bastille crétoise d'Izeddine.

Dans les déboires de sa vie, ce conducteur de peuples n'a jamais oublié la part que prirent les Français à la libération de son pays. Quand il était de bon ton, parmi les Crétois, de nous tourner le dos et de nous témoigner de la froideur, Venizelos nous tendait toujours une main loyale, largement ouverte, et s'asseyait volontiers en notre compagnie. Au départ du colonel Destelle, dont l'œuvre humanitaire et pacifique a été précédemment mise en relief, l'ancien ministre méconnu de ses concitoyens, poursuivi par ses ennemis puissants, à la veille d'être proscrit, apporta une dernière fois à celui qui s'en allait le témoignage de sa reconnaissance et lui dit merci et adieu au nom de son pays.

[illegible]
révolutionnaire, sont comme lui des amis de ces troupes françaises appelées à les combattre. L'ex-ministre des finances Foumis, dont le frère Jani a fréquenté avec succès les écoles de Lyon et de Montpellier, possède un sens pratique très développé, un esprit sérieux, pondéré et réfléchi. Il a été pendant deux sessions vice-président de la Chambre et il ne serait jamais passé à l'opposition si les gouvernants n'avaient joué aux petits despotes et aux tyranneaux.

De taille courte, il est, au physique, l'antithèse de Venizelos; mais on ne se doute pas de l'énergie et de la vigueur qui se cachent sous cette écorce épaisse. Pour la cause qu'il défend, il n'a pas hésité à quitter son foyer où tremblent maintenant, anxieuses et angoissées, trois fillettes adorées et une jeune mère qui fut, au pays de Minos, reine par la beauté et que l'antique Homère aurait chantée sur sa lyre. Aux douceurs du « home » familial, ce père tendre et affectueux entre tous a préféré les sentiers et les gorges de la montagne, les nuits à la belle étoile, le pain noir et terreux des errants et des révoltés !...

La sympathique figure de Manos complète heureusement la triade des polémarques de l'insurrection.

Manos apporte en la vie pénible de ces patriotes hors la loi comme un rayon de soleil et une fleur de poésie. Dans la nature sévère et triste, parmi les roches grisâtres et escarpées, au haut des pentes qui courent vers les abîmes et au fond des gorges inaccessibles, au milieu de va-nu-pieds et de malheureux en haillons, ce raffiné détone, semble égaré, et son élégance trop harmonieuse heurte violemment les décors misérables du cadre qui l'environne.

Ce rêveur brave et ardent n'aurait pas fait mauvaise figure parmi les chevaliers en dentelles du temps passé,

[illegible]

[illegible] pour [illegible] villas. [illegible]

[illegible] avec ses [illegible], dans la verdure d'orangers, d'ormes et de marronniers séculaires. Les maîtres de céans sont accueillants et hospitaliers.

Les soirs d'été, les passants avaient coutume d'ouïr, sous les berceaux et les charmilles, des éclats de voix jeunes et joyeuses et des rires argentins; à travers les branches et les fleurs apparaissaient des robes claires et des silhouettes élégantes, couraient des cavaliers et de fines amazones, tandis qu'au bout d'une allée, derrière un filet de tennis, d'infatigables joueurs s'acharnaient à la poursuite d'une balle folle.

Maintenant le silence pèse sur la somptueuse demeure, le maître est parti. Ce mondain aux gestes nobles et généreux guette peut-être, un fusil à la main, les hôtes qu'il recevait naguère dans sa villa de Périvolia.

Tels sont les caprices du Destin en ce malheureux pays crétois!...

Ainsi que l'on a pu s'en rendre compte, l'insurrection de 1905 s'est différenciée des précédentes; elle n'a point été dirigée contre l'ennemi héréditaire, le musulman. Les Turcs ont, dès le début, assisté impassibles au différend; ils se sont mis sur leurs gardes et ont marqué les coups.

Ce soulèvement, qui a été une protestation contre le gouvernement et la politique du Haut-Commissaire, visait en même temps le protectorat des puissances.

N'y aurait-il pas de la témérité à affirmer que cette nouvelle levée de boucliers n'a point été habilement encouragée par ceux qu'elle semble, avant tout, vouloir renverser? Mystères de la politique crétoise! Il y a peut-être quelqu'un derrière ces pseudo-insurgés.

[illegible] pas [illegible] sa maison étendre sa domination sur les [illegible] du Grand Turc. La Bulgarie demande l'annexion de la Macédoine; pourquoi la Grèce n'obtiendrait-elle pas la Crète »?

L'Europe ne l'entend peut-être pas ainsi; au lendemain de la guerre gréco-turque, elle a consenti de grands avantages au vaincu en faveur duquel elle a résolu la question crétoise.

Le *statu quo* est un grand pas vers l'annexion : le Haut-Commissaire appartient à la famille royale de Grèce; la langue officielle est le grec; la constitution accorde à la Crète l'autonomie complète. La suzeraineté du Sultan demeure purement nominale; elle n'est même pas mentionnée. Le drapeau turc a été exilé sur un rocher de la côte; le drapeau grec préside aux cérémonies officielles; la plupart des rues et des boulevards portent des noms de princes et de princesses grecs; l'influence hellénique a pénétré dans toutes les branches de l'administration. Logiquement l'annexion sera, dans un avenir plus ou moins éloigné, la suite naturelle de ce *statu quo*.

Mais les Crétois sont pressés; ils oublient que la « question crétoise ne date pas d'hier, ni d'avant-hier, ni même de l'insurrection de 1821, ni même de la conquête turque; qu'elle date des Vénitiens; qu'elle dure depuis l'année 1204, soit depuis sept cents ans (1) ».

Cette question, dont dépend l'avenir d'un peuple, n'est qu'une affaire de gros sous; l'argent est le nerf de la guerre, il faut de l'argent pour dénouer cette crise. Il ne semble pas cependant que la situation, sous le ré-

(1) Bérard.

[illegible]

[illegible] la patience aux Crétois, qui [illegible] assez sages pour laisser au Temps, qui est un grand maître, le loisir d'étendre peu à peu un voile d'oubli sur le passé.

Au lendemain d'une tempête, la mer semble s'apaiser rapidement; pourtant sous la surface unie, la houle de fond a des mouvements de colère. La Crète vient de traverser une crise aiguë qui a ébranlé l'édifice jusqu'en ses fondements; les insurrections, les traditions, l'atavisme, la religion ont creusé un fossé entre chrétiens et musulmans; tant qu'il y aura des Turcs dans l'île, le sang qu'ils ont versé criera vengeance contre eux.

Les troupes grecques par lesquelles on voudrait, dans certains milieux, remplacer les bataillons internationaux n'arrêteraient pas le poignard prêt à frapper, n'étoufferaient pas dans son embryon toute velléité de représailles. Elles ne sauraient oublier qu'un corps expéditionnaire grec débarqua, il y a sept ans, sur ces rivages pour secourir les frères orthodoxes contre l'ennemi héréditaire...

Quand finira l'occupation? C'est le secret de l'avenir et l'œuvre des diplomates, deux mystérieuses arcanes pour le Monsieur qui passe.

Du haut de l'Achrotiri, un Crétois nous montrait un jour la vaste baie de la Sude aux eaux tranquilles comme celles d'un lac; toutes les escadres de l'Europe pourraient y trouver un abri.

« Voyez-vous, disait-il, la nature nous a fait là un trop riche cadeau, et c'est notre malheur. »

[illegible] qui a conquis hautement droit de cité. [illegible] ceux seules écoles qui ne sont ni turques ni [illegible] par des maîtres et des maîtresses français. Autour des Frères de la Doctrine chrétienne aussi bien que [illegible] Sœurs de Saint-Joseph viennent se grouper des [illegible] d'enfants français, italiens, grecs, turcs, catholi[illegible] orthodoxes, israélites, protestants; à tous, nos compatriotes apprennent l'amour de la France et le respect de notre drapeau.

Un écho de nos vieilles gloires ne s'est pas encore éteint en ce sol étranger; l'unité de monnaie d'or est le « napoléon ». Il existe quelque part, sur la côte méridionale de l'île, une vieille maison en ruines que la photographie a popularisée; Bonaparte, volant à la conquête de l'Egypte, y passa une nuit en 1798.

Plus récemment, l'amiral Pottier mérita le titre de « Pacificateur de la Crète ». Son rôle pendant les événements de 1897-98 a été mis en relief par M. Bérard dans la *Revue de Paris*. Les Crétois lui pardonnaient bien volontiers sa boutade : « Toute la peau de ces moricauds-là ne vaut pas l'oreille d'un de mes hommes », en échange de leur liberté conquise. Grâce à lui, tant de victimes avaient été sauvées, tant de sang épargné! Alors, il n'y avait pas assez de louanges pour honorer ce grand Français, pas assez de fleurs et d'arcs de triomphe pour accueillir ce nouveau libérateur du territoire.

« Les gouvernements ont quelquefois la mémoire courte; lorsque mourut l'amiral Pottier, les politiciens qui entourent le prince Georges et le remplacent pendant ses tournées en Europe refusèrent la cathédrale qui, disaient-ils, « était en réparations », pour célébrer un service solennel en l'honneur du grand disparu.

» Les Crétois remontèrent donc dans ces lignes de l'A-

[illegible]
[illegible] était venu leur offrir des [illegible] pour leurs blessés et du biscuit pour leurs femmes. Après la cérémonie funèbre, l'un des chefs de l'insurrection célébra la mémoire de ce noble fils de France (1). »

L'oubli et l'ingratitude ne sauraient arracher les pages de l'histoire; lorsque de mesquines questions politiques n'égareront plus son esprit, peut-être le peuple crétois rendra-t-il justice à notre pays dont l'intervention généreuse l'a guidé à la conquête de la liberté.

---

(1) Bérard.

FIN

TABLE DES MATIÈRES

Paris et Limoges. — Imp. milit. Henri Charles-Lavauzelle.

www.ingramcontent.com/pod-product-compliance
Ingram Content Group UK Ltd.
Pitfield, Milton Keynes, MK11 3LW, UK
UKHW021119220726
13924UKWH00004B/1803